ビートルズに選ばれた人たち

1966日本公演 武道館のリアルを追って

はじめに

「ビートルズのファンです」というフレーズには気を付けたほうがいい。街頭インタビューで「好きなビートルズのナンバーは？」という質問に、堂々と「レット・イット・ビー最高！」「イエスタデイが大好きなんですぅ！」と即答する人もファンには違いないのだろう。

無論、ポールとリンゴの来日に心躍らせ毎回参加する人。あるいは大枚叩いてオリジナル盤や些細なバージョン違いなどを追求し、海賊盤を漁るマニアも大ファンに分類されて当然だ。もちろん、人の熱度は定量的なものではないので、その大小、優劣を問うのはナンセンスというものだ。

しかし、人は悲しい生き物で往々にして勝ち負けにこだわる。たとえば飲み会などで同好の士が集うと談義は次第に熱を帯びる。ある種、至福の時間だ。
推しメン、推し盤、本命曲に自慢のコレクタブルの数々。トリビアの一つや二つも披露し宴もたけなわ、いつしか話題は、いかに自身が彼らに人生を捧げてきたかに移る。

参加者の中に、そこその年配者がいれば要注意だ。白黒つける場面があるとすれば最強の切り札がある。水戸黄門よろしく懐に記念の半券など忍ばしていようものなら印籠そのもの、「控えおろう！」である。

それは一度でもビートルズと同じ空間に存在し、己の肉眼でリンゴの首振り打法、ジョージの痩身、ポールの愛嬌、ジョンの毒気を目の当たりにしたことの有る無し。

すなわち、〝ナマでビートルズを観た人〟だ。場に寅さんがいたら「ジ・エンド」、「それを言っちゃあおしめえよ」である。

どんなに後追い世代のファンが、彼らに物心を捧げ帰依したとて、物理的にビートルズを体験した人か否かで「選別」されるのだから。

そう、極論すれば「選ばれなかった」人と「選ばれた」人しか存在しないビートルズ・ヒエラルキーだ。

繰り返すがわずか30分であれ、動くビートルズから伝わるメンバーのオーラ、肉眼で見る衣装や揺れる髪の色。ジェット機に例えられるような阿鼻叫喚、狂瀾怒濤の大歓声の中から断片的に届く生音と生声などなど。その**実体を五感で捉えた「知見」を通して咀嚼、解釈されたビートルズ観には、所詮「知識」では敵わない**のだから。

1962年秋のデビュー後、有料ライヴを行った期間は1966年夏までのわずか4年弱。世界中を飛び回った印象もあるが、実際に訪問した国は意外と少ない。英国本国を除けば訪問順に、アイルランド、スウェーデン（2回）、フランス（2回）、アメリカ（4回）、カナダ（3回）、デンマーク、オランダ、香港、オーストラリア、ニュージーランド、イタリア、スペイン、ドイツ、日本、フィリピンの15か国だけだ。

そんな稀有な目撃者と知り合えたなら即刻、幸運に感謝し素直に首を垂れて、ご高説を賜ることだ。Life is very short……時間はない。

私が生まれ育った広島市内の中心部に、Kという楽器店があった。中学の終わりか高校入学のころだったか、店頭でみたリッケンバッカーのレプリカギター（そう。テレビで観た日本公演でジョージが「恋をするなら」で弾いたブツだ。良い子は高価なモノホンR社製は端から眼中にない）を毎回羨望の眼差しで見ていた。

いつの日か、見かねた若い店員さんが声をかけてくれて、試奏を勧めてくれた。当然、演奏能力以上に支払い能力がなく、まごつく少年に間が持たない店員さんが所在なく「アクト・ナチュラリー」を弾いてくれた。

短いやりとりだったが何よりハッキリ覚えているのは、彼の**「ビートルズを武道館で観た」**という発言であった。眼前でパチモンとはいえギラリと眩く光るリッケンもどきで軽妙なカントリーを弾きながら呟いた言葉は、少年の胸に突き刺さる。直観的に、なにか彼がとてつもない体験をしたに違いないのだ。以降、『ワシもビートルズを観たい!!』という、後の人生にどうしようも叶えようもない願望を残した。

今にして思えば何故、日本公演で演奏されなかったカバー曲の「アクト・ナチュラリー」だったのか、それも1曲しか歌わないリンゴの歌だったのか疑問も残るが。（もし本書をご購読の場合は連絡ください。貴方の一言でボクの人生が…）

そんな多感で貧乏少年だった昭和50年代前半くらい（1980年前後）まで、よく見かけた光景がある。

広島市内でも郊外育ちだったため、農家や旧家の友人宅に遊びにいくとお菓子などを供してくれるのは主としてその家のおばあさんが多かったのだが、そのお顔にケロイド（やけど）の跡が認められたことがあったのを覚えている。

あるいはふと街角で老人とすれ違ったときなど、生活圏には『はだしのゲン』の世界が残っていた。成長するにつれ、時代も昭和から平成に変わる１９９０年頃にはすっかりそんな機会も減ったが、それもそのはず。

総務省の人口推計によれば２０１９年10月１日現在、戦後生まれの人口は約１億６５５万人で、全体の84・５％を占める。一方、戦前生まれは１９６２万人。おりしも第二次世界大戦の終戦から本年２０２４年８月15日で79年を迎える。

戦禍の記憶継承が年々難しくなる中、戦争を知る世代の人たちはあと何年、自身の体験を語ることができるのか。空襲などで民間人１万人以上が亡くなった７都府県の語り部団体に取材したところ、半数が「あと５年」と回答した…との記事があった。そしてその記事から５年が過ぎようとしているが——話が逸れた。

ビートルズの来日は１９６６年（昭和41年）だから、団塊の世代がちょうど思春期を迎えた頃にあたる。

仮に有料入場者のボリュームゾーンを15歳から20歳と仮定すれば、最年長の目撃者は既に75歳の齢を越えており鬼籍の方もいるだろう。（志村けんさんは71歳で。長く『ロッキングオン』誌で健筆をふるわれた松村雄策さんは２０２１年の春、73歳で亡くなられた。この場をお借りしてご冥福をお祈りします。そしてドリフ中本さんの訃報……）

延べ5回公演で5万人を収容したとされる武道館公演だが、5万人の中には2回、3回と観ることができた熱心かつ幸運な目撃者もいただろう。

しかし、そもそも「5万」という数字は正確なのだろうか？　後年、武道館のアリーナに収容するようになってから、満杯で1万人とされていることからビートルズ1回分の実数はアリーナ席分がないため多くても8000人くらいのはずだ。それに5回を掛ければ4万人（枚）程度が本当のところではないか。そして、複数回参加できた人と、諸事情により不参加の人を勘案すれば約3万5000人と推定する。


では、その3万5000人の目撃者の生存者はいかほどかと推定しよう。

前述のようにボリュームゾーンから上の人々で既にお隠れの方を除けば、その中にはさして興味もなく巡り巡ってきた券や付き合いで参加した人もいるはずだ。

果たしてあれは本物のビートルズだったのか、はたまた「東京ビートルズ」だったのか（それはそれで貴重だが）も判別できない人、忘却の彼方の人もいるだろう。

その結果、実数はもっと少ないものと思われるため現在、多く見積もっても2万人くらいが**本企画の対象者（＝ビートルズに選ばれ武道館で観た人）**といえないだろうか。

一方で幸い、昨日のことのように覚えている人もいるかもしれないし、人の記憶力は人それぞれ。なんせ半世紀以上も前の出来事だ。頓珍漢なやりとりもあるかもだが、そこは「愛こそはすべて」。大きな心で取材にあたりたい。

よって**本書は史実を追求する目的ではない**ため、些末な事実との相違点や記憶違いの指摘はご遠慮願いたい。能書きはさておき、言えることは一つ。もう、どう足掻いても「ビートルズを観た人」は増えることはなく、加速度的に減る一方であるということだ。

残念ながら2024年現在、還暦近い私が生きている間にタイムマシンが完成するのは望めそうもなく、今のところ無駄にデカい頭で思いつくのは、**聴取か伝聞で共感し疑似体験するしか方法はない**ということ。

だが、互いに時間もない。馬鹿の考え休むに似たり。そこで本書では、当時の生の**「ビートルズに選ばれた人たち」**を力ずくで探し出し、直接会い、話を伺い、**記憶を呼び起こし、その後をどう生きたのかを探っていく**のだ。

暑く熱かったであろう、あの「1966年6月」に連れ戻していただくべく空想のタイムマシンに乗り、内なる「マジカル・ミステリー・ツアー」へと出発したいと思う。

夢の旅人　川上弘達

「ビートルズに選ばれた人」をたずねて

聞き取りに当たっては、概ね以下の質問を基本として記憶を辿っていく方式をとりたい。できるだけ自然で楽しく語っていただけるよう、事務的に伺っていくのではなく、適宜楽しく脱線しながら対象者により軽重をつけ、進行したい。

ついでながらせっかくの取材旅行、私の雑感に加え、ちょっとした名所や名物など紀行文的要素も付記できれば、ビートルズの次に旅が好きな私としてはささやかな悦びだ。

・何回目の公演を観たか
・チケット入手方法と価格
・券種は？ 何階？ どの角度（東西南北）？
・演奏が聴こえたか否か、どのように聴こえたか
・何か記憶に残っているシーン（公演前、公演中、公演後なんでも）
・記憶に残っている曲
・グッズについての記憶や購入物があれば。前後で何を食べたかなど何でも
・武道館への交通手段と経路
・７／１夜の録画放送は観たか？ 78 年の再放送は観たか？
・公演前後の学校や職場での反応
・公演を観たことで人生が変わったか
・現在の好きな曲、アルバム、メンバー
・現在までにビートルズを超える音楽に出会えたか

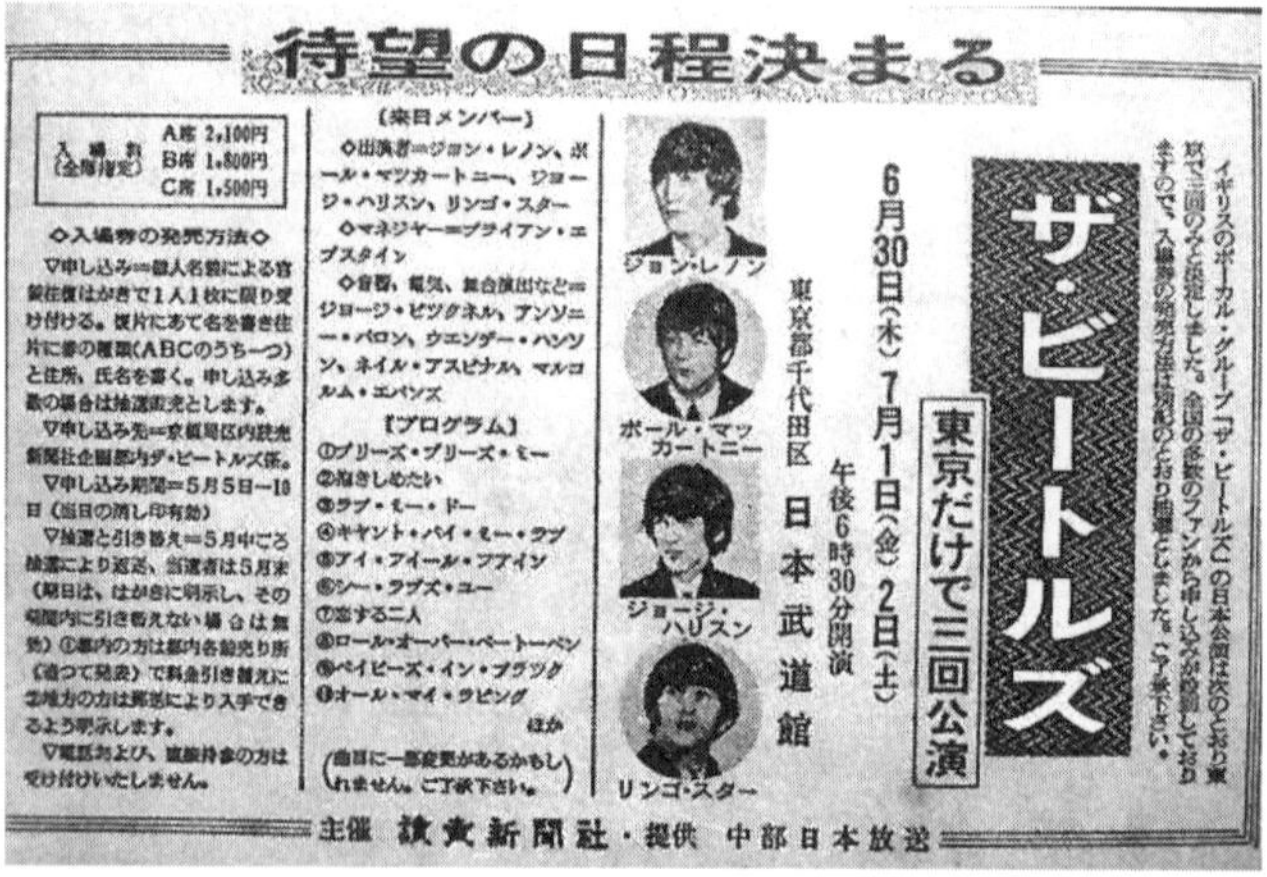

待望の日程決まる

イギリスのボーカル・グループ「ザ・ビートルズ」の日本公演は次のとおり東京で三回のみと決定しました。全国の多数のファンから申し込みが殺到しておりますので、入場券の発売方法は別記のとおり抽選としました。ご了承下さい。

ザ・ビートルズ

東京だけで三回公演

6月30日(木)7月1日(金)2日(土)

午後6時30分開演

東京都千代田区 日本武道館

ジョン・レノン

ポール・マッカートニー

ジョージ・ハリスン

リンゴ・スター

【来日メンバー】

◇出演者＝ジョン・レノン、ポール・マッカートニー、ジョージ・ハリスン、リンゴ・スター

◇マネジャー＝ブライアン・エプスタイン

◇音響、電気、舞台演出など＝ジョージ・ビツクネル、アンソニー・バロン、ウエンダー・ハンソン、ネイル・アスピナル、マルコルム・エバンズ

【プログラム】

①プリーズ・プリーズ・ミー
②抱きしめたい
③ラブ・ミー・ドー
④キャント・バイ・ミー・ラブ
⑤アイ・フィール・ファイン
⑥シー・ラブズ・ユー
⑦恋する二人
⑧ロール・オーバー・ベートーベン
⑨ベイビーズ・イン・ブラック
⑩オール・マイ・ラビング
ほか

（曲目に一部変更があるかもしれません。ご了承下さい。）

入場料（全席指定）　A席 2,100円　B席 1,800円　C席 1,500円

◇入場券の発売方法◇

▽申し込み＝個人名義による官製往復はがきで1人1枚に限り受け付ける。復片にあて名を書き往片に券の種類（ABCのうち一つ）と住所、氏名を書く。申し込み多数の場合は抽選販売とします。

▽申し込み先＝京橋局区内読売新聞社企画部内ザ・ビートルズ係。

▽申し込み期間＝5月5日－10日（当日の消し印有効）

▽抽選と引き替え＝5月中ごろ抽選により返送、当選者は5月末（期日は、はがきに明示し、その期間内に引き替えない場合は無効）①都内の方は都内各販売り所（追って発表）で料金引き替えに②地方の方は郵送により入手できるよう明示します。

▽電話および、直接持参の方は受け付けいたしません。

主催 読売新聞社・提供 中部日本放送

当初は3回公演だったがマチネが2回追加され計5回に。プログラムがテキトー過ぎる。（実際に演奏は⑤⑨のみ）

待ちに待った6月30日初回公演。この立ち姿、1キロ先から見てもザ・ビートルズだ。
（写真提供：共同通信社）

＜日本公演のセット・リスト＞（全５回公演同一）

1.「ロック・アンド・ロール・ミュージック（Rock And Roll Music）」

2.「シーズ・ア・ウーマン（She's A Woman）」

3.「恋をするなら（If I Needed Someone）」

4.「デイ・トリッパー（Day Tripper）」

5.「ベイビーズ・イン・ブラック（Baby's In Black）」

6.「アイ・フィール・ファイン（I Feel Fine）」

7.「イエスタデイ（Yesterday）」

8.「彼氏になりたい（I Wanna Be Your Man）」

9.「ひとりぼっちのあいつ（Nowhere Man）」

10.「ペイパーバック・ライター（Paperback Writer）」

11.「アイム・ダウン（I'm Down）」

目次

ビートルズに選ばれた人

※表紙カバー写真提供／加藤豊氏

ビートルズに選ばれた人

ビートルズに選ばれた人 VOL.1

初めての一人旅で東京へ。チケットを握りしめ、
初めて乗った新幹線の隣席がどこかの校長先生だった。
叱られるのかと思いきや「自分のやりたいことを貫け」と。
ビートルズを観ることは必然だった。

兵庫県 **岡本 備さん**（ビートルズ文化博物館 館長）

岡本備 ビートルズ文化博物館館長

ビートルズ文化博物館館長、岡本さんはマニアには有名な方だろう。もともとは東京で30年以上活動され、全国でビートルズイベントを開催もされており、故郷の赤穂に戻られた8年前に同館を開館した。

東京ではビートルズ専科店GETBACKの立ち上げ時から店内装飾、ロゴなどのデザイナーとして関わり、ビートルズ文化博物館開館後はオリジナルのビートルズアート&カルチャーポスターを制作、展示。これを資料にビートルズを世界無形文化遺産にする活動も始め、赤穂という僻地（失礼）でビートルズ専門の『文化』博物館を主宰するその愛と情熱は自他称エヴァンジェリストの名に恥じない。

取材中もついつい熱くなり、ご自分の使命であるビートルズ精神（偉業と叡智）の伝承と世界平和を語り始め、しばしば脱線（失礼）するのも氏のビートルズに対する目的や本気度が漲《みなぎ》っている証左だろう。

「まず最初に。中学の時、初めて『ア・ハード・デイズ・ナイト』を聴いて以来、ビートルズはとにかく全てにおいて僕らを裏切らなかった。曲やメッセージ、あり方すべて僕らファンの期待通りに導いてくれた存在だった。そしてもう一つはファッション。男が赤い服を着てもいいんだという価値の転換を起こしてくれた。その2点がとても重要だったわけ」と岡本館長。……氏にお会いするのは3度目だが、相変わらずの熱量でインタビューはスタートした。

学校なんかは退学してもまた行き直せるけど、ビートルズに会うチャンスは今しかない！

川上　まずはビートルズのファッションから入られたそうですが、武道館ですでにあのようなコスチュームのファンはいましたか？　その夜のビートルズの濃緑のスーツに赤い差し色のシャツなんて、当時誰も見たことなかったんでしょう？

岡本　いませんでした。ただＪＰＧＲと書いたセーターとか着た子がいて、『うわぁ〜都会の子はこんなんやぁ、さすが〜』って思った記憶はあります。

川上　東京の子は既に外タレに慣れているんですよね。

岡本　ロカビリーブームとかあったから騒ぎ方を知っているのでしょうね。

川上　おいくつの時だったんですか？

岡本　高校１年になったところで、まだ誕生日が来てなかったから15歳。県立赤穂高校、当時は進学校でした。今はわかりませんが（笑）

川上　チケットはどうやって入手されたんですか？

岡本　僕はライオンの懸賞で２枚当たりました。総計５０００名ご招待で。僕はA席、はっ

ビートルズ文化博物館
ビートルズ
博物館
ビートルズが日本を変えた日
ビートルズが世界を変えた日
フリードリンク

初めて物語！
BEATLES
HELP!

ビートルズ文化博物館

きりとは覚えていないけれど2階南3列目だったかな。結構いい席だった。定価2100円のチケットでしたよ。でもその30日の実券は、とある経緯で貸し出しの際に失くされてしまいました。（代わりにもう一枚の7／1の未使用の実券が、博物館の一等地でオーラを放っている）

川上　ライオンの話はよく聞きますね。しかし2階真正面の南3列目とは良席です。

岡本　筆頭スポンサーだからね。正規の郵便の申込もしたんだけど、当時の田舎の高校生…というより僕がそういうことに疎くて、だから馬鹿正直に1通だけ書いて応募した。

もちろん落選。ご丁寧に落選ハガキもいただいた。なんせ20何万通の中からの抽選だったから。

川上　もうこれが最初で最後という意識がありましたか？

岡本　学校なんかは極端な話、退学してもまた行き直せるけど、ビートルズに会うチャンスは今しかないという意識だった。**これは歴史の1ページになるという直観がしっかりあった**のでね。

川上　直観は当たっていたということですね。ではチケットが当たった時のお気持ちはご記憶ですか？家の二階から飛び降りるとか、赤穂の町中を叫びながら走って回ったとか？

岡本　アハハ、そんなことはしなかったけど、東京公演にいくというのは僕にとって必然というか。これが僕の道だから！とかそんな感じでしたから。

そういえば、来日の直前の数日はやたら暑くてね。半裸で汗かきながら自分の部屋で新曲「ペイパーバック・ライター」を歌って「予習」していたんです。肝心の武道館よりも、こんなことに限って覚えているんですよね（笑）。（取材後、気になり最寄りの岡山市の昭和41年6月23日〜26日の最高気温を調べると、連日30度を記録している！「ビートルズ台風4号」の影響だろうか、こんなエピソードを伺うことで、まさに「肌感覚」での共感を覚える）

僕たちファンはビートルズを観に、聴きに行っている。
だから、僕たちにはしっかりと聴こえたんだよ

川上　話を戻しますが、その特等席のお隣さんのご記憶とかありますか？若い人？年配の人とか。何かファン同士で会話したとか。

岡本　ないない。ジッと固まっていました（笑）。両隣とも同世代だったような気はするけど。

その代わり覚えているのは、**往きの新幹線の隣がどこかの高校の校長先生だった！**会話の詳細までは覚えていないけれど、「自分の人生なんだからやりたいことを貫け！」みたいなことをおっしゃられた気がする。

川上　教育委員会から禁止のお触れが回ったり、社会問題となっていたくらいだから、当然その校長先生も岡本少年がビートルズを観に行くだろうことは看破しているでしょう。そのお言葉もきっと天啓です（笑）。ところで、そんな〝ファッション命〟の少年はどんな恰好で上京されたんでしょうか。制服ですか？

岡本　親父の背広（爆笑）

川上　その話はギリギリ分かる世代です…。身に覚えがありますよ。やってる本人は大真面目なんだけど、色、柄、サイズどこか怪しい。交通費はご両親が用意されたのですか？

岡本　確か、往きの新幹線は買ってもらったけれど、帰りはその日の夜行で自分で買った気はするけど——。昼飯のうどん代を貯めたお金で（苦笑）、往きも帰りの車中の記憶もほとんどないですね。たぶん往きはピリピリ、帰りは放心状態かな。

　初めての新幹線で上京。富士山見えたとかそんな余裕も知識もないし！　東京駅から武道館までどうやって辿り着いたんだろうね。何せ、信号の量や横断歩道の長いのにびっくり。そんな変なことばかり覚えている。

川上　われながら実に面白いです。世代的に共感できる部分と微妙にズレる感覚と……。さて、これが本題になるかもですが、実際の演奏は聴こえたのでしょうか？

岡本　これが、「一般的には聴こえなかった」とされていますが、〝聴く気がなかった〟というべきでしょうね。聴きに来ている僕たちの耳と、新聞記者がインタビューした人々は…「ビートルズってなんだ？」と思いつつチケットを役得で手に入れた人、取材など仕事で来ている耳では聴こえなかったということですよ。

ハンター・デイビスの本『ビートルズ』に武道館に行った著名人の反応、という冊子の付録があったけれど、当時、狐狸庵先生（遠藤周作）だけが「これは後世に継がれるクラシックになりうる音楽」という評価を与えていたくらいで、あとはほとんど否定的な意見ばかりでした。青島幸雄氏とかはとくに酷評でした。「あんなもんエレキは電気なんだから、コンセント抜いたら何も聞こえなくなる。そこでションベンでも引っ掛けてやればいいんだ」なんてね。これが当時の大人たちのビートルズ認識ですよ。

僕たちファンはビートルズを観に、聴きに行っている。だから、僕たちにはしっかりと聴こえたんです。記者さんたちは子供たちがキャーキャー騒いで聴こえなかった、ということのほうが記事にしやすかったんだと思うし、僕たちファンは新聞記者にインタビューされるなんてことに慣れてないし、怖いしで。

しかもまだ頭の中がボーっとしていたりで、何を聞かれてもまともに答えられない状態でしたから、それを記者たちが面白がって記事にする。そして彼らが真面目にインタビューし、それをまともに答えるのは大人たちばかりだから、いつしかビートルズのコンサートは聴こえない、それが通説になってしまった……。

川上　1曲目から「アイム・ダウン」までずっと聴こえた？　途切れなく？

岡本　そりゃ、隣や後ろなんかで「キャ〜！　ポールぅ！」なんて叫ばれた時などは、途切れたと思いますよ。けれど、そんな一時的な欠落は脳内で（歌を）つなぎますから。

川上　当時の音響設備ですから、間違ってもハリウッド・ボウルの『ザ・ビートルズ・スーパー・ライヴ』みたいな聴こえ方ではないですよね。

岡本　違うでしょうね。ハリウッド・ボウルはレコード化するために、観客の音と演奏の音を調整していますし、敢えて例えるなら東京公演の音は2階でかけているレコードが階下で聴こえるような音⁉︎かな。

でもいずれにしても、彼らがあの騒ぎの中でリズムが狂わないのがスゴイと思いましたね。いくら日本人がおとなしかったといっても、僕が小さいころに母親が連れて行ってくれた労音（音楽鑑賞団体の略）のクラシックコンサートから比べれば、はるかに異常事態には違いなかったから。

川上　都会の「外タレ」好きな女の子は騒いでも、真面目な中高生は座っておとなしく音楽会を聞きに来ている感じですか？

岡本　そんな違いはないですよ。誰もかれもハジけざるを得ない雰囲気になって、意識はぶっ飛び、叫ぶかボーっとなるか、とにかく無我夢中！　知り合いで翌日に行った人は、始まった途端から固まったと言ってましたけど（笑）

川上　まあ、たとえが間違っているかもしれませんが、あんなに警官に囲まれてロックを聴いて騒げるかっていうのは、親の見ている前で彼女といちゃつけるかっていう話ですよね。

そこまで入れ込んでいたビートルズ日本公演ですが、演奏曲は全部分かりましたか？

岡本　親の前でいちゃつくぐらい、当時のビートルズ排斥機運からすればどうってことはない（笑）。江戸時代のキリスト教禁止令に逆らったキリシタンと同じくらい、実はビートルズとは大変なことだった。**大人たちは自分たちの地位や権力を脅かされることを恐れた。ビートルズとはそれほど脅威だった**のです。

もちろん演奏された曲目は全部わかったし、前述の「ペイパーバック・ライター」は新曲ですから絶対やると思って練習していました。新聞には「シー・ラヴズ・ユー」とか「抱きしめたい」とかの曲目が書いてありましたけど、あり得ないと思っていました。「ペイパーバック・ライター」は6月10日くらいのリリース（正確には15日発売）でしたが、あの曲は歌詞がやたら多くて、当然早口で歌いますよね。覚えるのが大変でした。でもリズム感のある言葉の連なりだから記憶には残りやすい。だから、耳で聴いた感じの流れで音感的にはしっかり取れるようになりました。もちろん意味などさっぱりですが。

川上 その中でももっとも印象的な曲ってありますか？

岡本 「ひとりぼっちのあいつ」。（ちょうど館内BGMに「ひとりぼっちのあいつ」が流れる！ ビートルズの話をしているとそんな偶然（必然？）がよく起こる、ビートルズあるあるだ）僕にはカウントが聴こえずに、いきなりハモって始まったのには、ほんとびっくりしてね。それとギターソロの終わりの決めの一音『ピ〜ン』とハーモニックの音が響く、これがカッコよかった。

川上 ネットなどまさに夢のまた夢の時代、オープニングの「ロック・アンド・ロール・ミュージック」は予想しましたか？

岡本 全く想定外でした。勝手な推測ばかりが先行していましたから。

川上 「デイ・トリッパー」でさえいい加減なMC、「1948年に発表した」（実際には1965年）とか言ってたりしたぐらいですから、ジョンとかは新しい曲をやりたかったのでしょうね。

岡本 （慣れた）「ロック・アンド・ロール・ミュージック」ならリハーサルもいらないくらいだしね（苦笑）

テレビでもこの後、「パブロフの犬」化しちゃって、大勢の人が拍手する場面になるとひとりでに震えて涙がでてくる

川上 武道館に着く前の光景でなにか想い出されることはありますか？ 寅さんがタコ焼き売ってたとか（笑）、なんでもいいんですが。

岡本 装甲車が多かったね。グレーで大きくて、とにかく怖かった。そのときは何の車かわからなかったけど。なんせこちらは色々な意味でビクビクしてるもんだから、**お巡りさんも、その装甲車も、とにかく何もかもが怖い、**そればかり。

川上 夕方から開演ですから、その日の朝お発ちになって昼過ぎくらいに到着ですか？ どうやって武道館へ行かれたのでしょうか？

岡本 覚えてないなぁ…。当時の僕にはさっぱりだったけど、後でわかってみると丸の内側に出て、遠くに丸ビルが見えるんだけどやたら遠く感じてね。車線がいくつもあって横断歩道が長い。『どうやって信号渡るんだろうか、向こうに渡る前に信号変わったらどうするんだろう？』とか、ここから果たして武道館まで行けるのかって、だいぶ長いこと逡巡していた気がします。

川上 ああ、いい話ですね。初めての大都会東京に気圧されるって感じでしょうか？

岡本　もちろん。もともと東京は大阪や京都、名古屋など他の都会と違う雰囲気があってね。人生賭けた人が集まる街っていう重みがヒシヒシと感じられた。

川上　僕ら西の人間は今でもそうです。でも今ならスマホ見て、大手町駅まで歩いて地下鉄に乗って九段下で降りるんでしょうね。まあ歩いて行けない距離ではありませんが。では公演中になにか記憶に残っている光景はありますか？

岡本　なんにもない（笑）。あっという間だったし、その時は余裕なくて翌日のテレビで確認したくらい。武道館の周りもなんも覚えていない。ただその日の夜行で帰ったことだけ。

川上　では売店で何か買ったとか、『嗚呼、ここでオリンピックがあったのか』という感慨もなく？

岡本　ないない。そんな発想はまったくないですね。とにかく武道館の外は怖いですから。ビートルズを観て帰っただけ。

川上　お菓子を買いに行って、チケット落として戻ってこれなかったら、それこそ大ごとですからね。

岡本　チケットなんてずーっと握りしめてるから、フニャフニャに湿っちゃって（笑）

川上　感触が伝わります。さて、そんな一世一代の大冒険もいよいよ終盤ですが、帰りは夜行ということですが、道中の出来事とかなにかありますか？

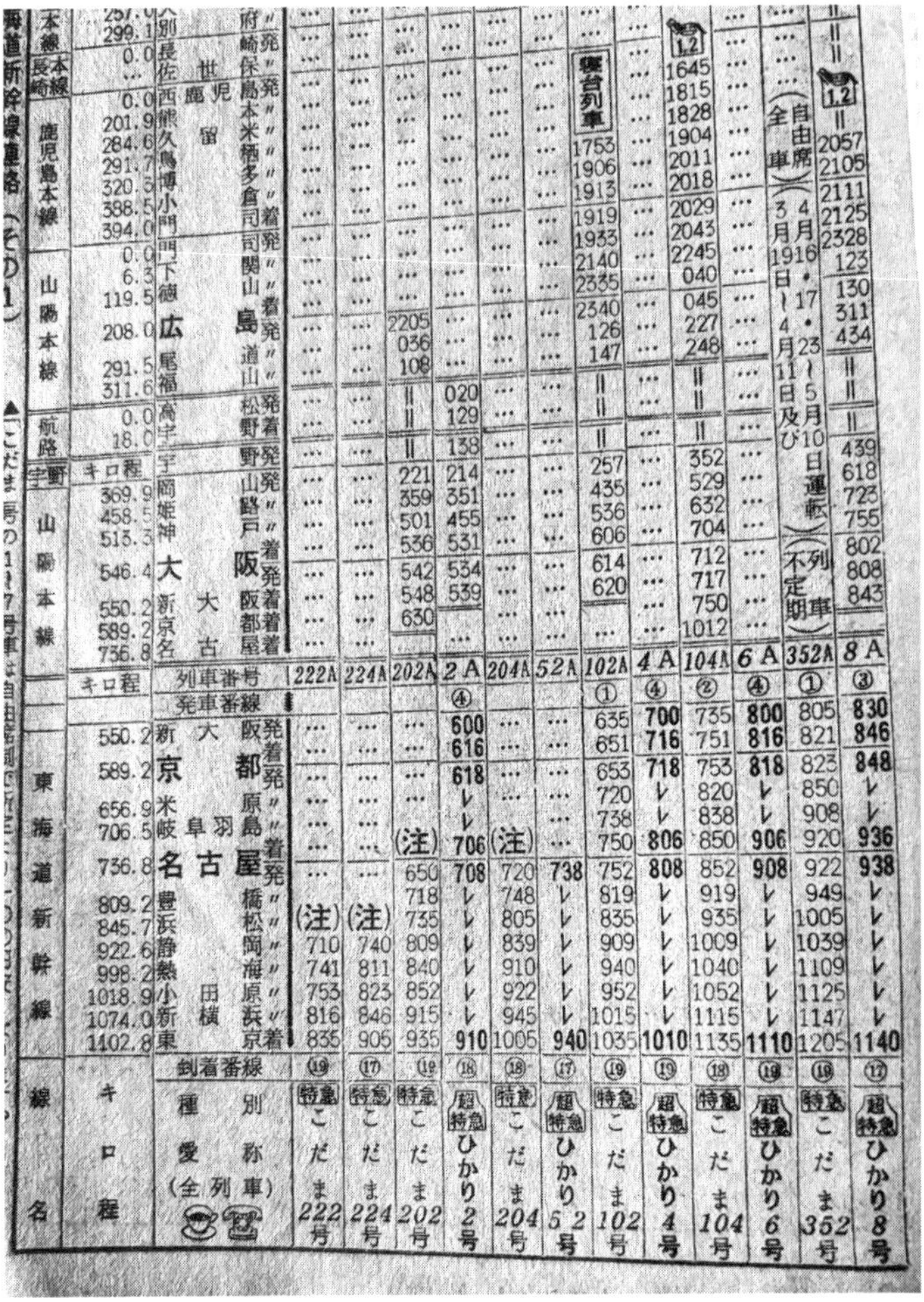

東海道新幹線連絡（その1）

線名	キロ程	駅	222A	224A	202A	2A	204A	52A	102A	4A	104A	6A	352A	8A
本線	257.0	大[illegible] 〃	…	…	…	…	…	…	…	…	…	…	…	‖
	299.1	別府 〃発	…	…	…	…	…	…	…	…	…	…	…	‖
長崎本線	0.0	長崎 〃発	…	…	…	…	…	…	…	…	…	…	…	‖
	…	佐世保 発	…	…	…	…	…	…	…	…	…	…	…	‖
鹿児島本線	0.0	西鹿児島 発	…	…	…	…	…	…	寝台列車	…	…	…	…	…
	201.9	熊本 〃	…	…	…	…	…	…		…	1645	…	（全車自由席）3月19日〜4月11日及び4月16・17・23〜5月10日運転（不定期列車）	‖
	284.6	久留米 〃	…	…	…	…	…	…		…	1815	…		
	291.7	鳥栖 〃	…	…	…	…	…	…		…	1828	…		
	320.3	博多 〃	…	…	…	…	…	…	1753	…	1904	…		‖
	388.5	小倉 〃	…	…	…	…	…	…	1906	…	2011	…		2057
	394.0	門司 着	…	…	…	…	…	…	1913	…	2018	…		2105
山陽本線	0.0	門司 発	…	…	…	…	…	…	1919	…	2029	…		2111
	6.3	下関 〃	…	…	…	…	…	…	1933	…	2043	…		2125
	119.5	徳山 〃	…	…	…	…	…	…	2140	…	2245	…		2328
	208.0	広島 着	…	…	…	…	…	…	2335	…	040	…		123
		広島 発	…	…	2205	…	…	…	2340	…	045	…		130
	291.5	尾道 〃	…	…	036	…	…	…	126	…	227	…		311
	311.6	福山 〃	…	…	108	…	…	…	147	…	248	…		434
航路	0.0	高松 発	…	…	‖	020	…	…	‖	…	‖	…		‖
	18.0	宇野 着	…	…	‖	129	…	…	‖	…	‖	…		‖
宇野	キロ程	宇野 発	…	…	‖	138	…	…	‖	…	‖	…		‖
山陽本線	369.9	岡山 発	…	…	221	214	…	…	257	…	352	…		439
	458.5	姫路 〃	…	…	359	351	…	…	435	…	529	…		618
	513.3	神戸 〃	…	…	501	455	…	…	536	…	632	…		723
	546.4	大阪 着	…	…	536	531	…	…	606	…	704	…		755
		大阪 発	…	…	542	534	…	…	614	…	712	…		802
	550.2	新大阪 着	…	…	548	539	…	…	620	…	717	…		808
	589.2	京都 着	…	…	630		…	…		…	750	…		843
	736.8	名古屋 着	…	…		…	…	…	…	…	1012	…		
東海道新幹線	キロ程	列車番号	222A	224A	202A	2A	204A	52A	102A	4A	104A	6A	352A	8A
		発車番線				④			①	④	②	④	①	③
	550.2	新大阪 発	…	…	…	600	…	…	635	700	735	800	805	830
		京都 着	…	…	…	616	…	…	651	716	751	816	821	846
	589.2	京都 発	…	…	…	618	…	…	653	718	753	818	823	848
	656.9	米原 〃	…	…	…	レ	…	…	720	レ	820	レ	850	レ
	706.5	岐阜羽島 〃	…	…	…	レ	…	…	738	レ	838	レ	908	レ
		名古屋 着	…	…	(注)	706	(注)	…	750	806	850	906	920	936
	736.8	名古屋 発	…	…	650	708	720	738	752	808	852	908	922	938
	809.2	豊橋 〃			718	レ	748	レ	819	レ	919	レ	949	レ
	845.7	浜松 〃	(注)	(注)	735	レ	805	レ	835	レ	935	レ	1005	レ
	922.6	静岡 〃	710	740	809	レ	839	レ	909	レ	1009	レ	1039	レ
	998.2	熱海 〃	741	811	840	レ	910	レ	940	レ	1040	レ	1109	レ
	1018.9	小田原 〃	753	823	852	レ	922	レ	952	レ	1052	レ	1125	レ
	1074.0	新横浜 〃	816	846	915	レ	945	レ	1015	レ	1115	レ	1147	レ
	1102.8	東京 着	835	905	935	910	1005	940	1035	1010	1135	1110	1205	1140
線名	キロ程	到着番線	⑲	⑰	⑲	⑱	⑱	⑰	⑲	⑲	⑱	⑲	⑲	⑰
		種別	特急	特急	特急	超特急	特急	超特急	特急	超特急	特急	超特急	特急	超特急
		愛称（全列車）	こだま222号	こだま224号	こだま202号	ひかり2号	こだま204号	ひかり52号	こだま102号	ひかり4号	こだま104号	ひかり6号	こだま352号	ひかり8号

▲こだま号の1〜7号車は自由席で

来日時の東海道新幹線ダイヤ。本数と所要時間に注目。岡本少年はどの便に？

岡本　それこそ覚えていませんね。たぶん眠れなかったような……。途中の暗～い駅でしょっちゅう長く停まっていた記憶はあります。

川上　当時は鉄道で朝刊とかも運んでいたみたいですから、小まめに止まっていたのでしょうね。（当時の時刻表をめくると東京駅22：40分発の急行「銀河」号に乗られたのではないかと推察する。この便だと乗り換えなしで翌朝10：43分に姫路終着。赤穂線に乗り換えればご自宅の赤穂までは数駅だ。確かに途中、静岡駅で5分、浜松駅で9分停車するのでご記憶にも沿う）

岡本　なるほどね。で、もうろうとして帰って新聞見たら、今夜の9時にテレビで演るって！　急いで録音しようとスタンバっていたら、放送が始まる頃に母が教えていた茶道（表千家）のお稽古で来ていたお弟子さんが、「備（その）ちゃん、今日ビートルズがあるんやってね！」なんていうもんだから「黙って！シ～…」なんて、その頃の録音はテレビのスピーカーの前にマイクを置いて録る方法しかなくて、そのやりとりまでしっかりテープに残ってしまいました（笑）

川上　テレビでビートルズが観られるということは、単純にうれしかったですか？　それとも「なんや、大枚はたいて東京まで行ったのに、ロハで観れるんかい?!」…みたいな徒労感に襲われたとか？

岡本　いや、もうただ単純にうれしかったですよ。日本にいる生の動くビートルズが観られる！　それだけ。ただせっかく録音したテープを聴くことはあまりなかった。結局随分長いこと、ビートルズ東京公演の映像も観ていなくて、なんせまだ、CDもDVDもない頃ですから。10年後（正確には12年後の1978年放映）の「たった1度の再放送」のテレビ番組をやっと録画できて、それを幾度か観ているうちに、テレビ局の手違いから（7月1日公演の）再放送ではなく、僕の観た30日のものだったと分かって、あらためて嬉しかったのは覚えています。

それと、実際の武道館の時も、テレビでもこの後、「パブロフの犬」化しちゃって、大勢の人が拍手する場面になると心がひとりでに震えて涙がでてくるの。これはいまだに続いています。人前では多少抑えられるようになりましたが（笑）

川上　1966年7月1日の当夜放映分とは、（館長が観た6／30公演と）服が違うとか思いませんでした？

岡本　**テレビではビートルズがはっきり大きく見えて、武道館とはまた違った感激があってね。**服が違うなどと気にするまで気持ちは回らなくて、ただただ画面に見とれていました。

川上　おっしゃるように、岡本さんのご覧になられた6／30の初回公演は、随分経った

1978年に日テレで「初放映」されたのですよね。

岡本　マイクがくるくる回転してポールが不機嫌になっているなんて、客席からは分からない。78年のテレビで見たからこそ、みなさんその時からマイク事件のことを知って、ビートルズ公演はマイクの不手際があったことが、ドリフターズも出たということと一緒に、すっかり定説になってしまった。

もちろんドリフターズも初回には出ましたが、全公演は出ていませんから。全部に出た内田裕也氏、櫻井五郎氏、尾藤イサオ氏たちの話は今となってはまったくといっていいほど出てきません。以後のドリフの人気がいかにすごかったかですよね。

川上　2回目以降をご覧になった人の記憶も、あれで上書きされたっていう意見もありますね。皆さん異口同音に「マイクがクルクル回ってね」って言うらしいです。南の3列目でも実際には気づきませんよね。物理的に武道館は西や東席のほうがステージには近いのかな。

岡本　近いのかもしれませんが、たいした差ではないでしょう。「ジョンしか見えない」「ポールしか見えない」とか、音が偏ったりして、とても音的には、ひどかったのではないでしょうか。でもそんなことはどうでもよくて、**ただビートルズが日本に、同じ武道館という空間に存在していることが重要**なんです！

「愛・自由・平和」が今こそ大切であり、地球や人類を救う〝道しるべ〟だと考えている

川上　公演は木曜でしたが、何か学校で話題になりましたか？

岡本　基本的には黙っていました。誰も言わないし、聞かない。その後に「来日」をことさら騒ぐのはマスコミと、ビートルズ関係の仕掛け人ですよね。バレンタインや最近のハロウィーンなんかと一緒ですよ。

川上　気の許せるビートルズファンって、当時クラスに何人くらいいたんですか？

岡本　4～5人くらいかな。僕のグループでも4～5人、他にもレコードを持ち寄って聴いているグループはいたかもしれませんが、正確なところはわかりません。

川上　その4～5人とビートルズの話をするときには、ある種の優越感を持って接していたのですね？

岡本　いやいやそんな感覚はまったくありません。観たか、観ないかの優越感は、僕たちの後追い世代の人たちが問題にし始めたことですよ。

後年、東京でとても親しくなった友人がいて、彼は東京生まれの東京育ちだったから早

くからダニエル・ビダルとかフランス・ギャルなんか観ているくせに、「ビートルズはどうせまた来る」なんてタカをくくっていて結局観ていないので、その彼にはだいぶ自慢してやったけどね（笑）「ビートルズの価値がわかってないなぁ」とね。**また来るかどうかの問題ではなく、1回目の歴史の1ページ目に自分が加わるかどうか**なんだよってね。

川上　僕からしたら、ピーク時のフランス・ギャルを拝んだことがあるだけで歯ぎしりです。あとこれは岡本さんには愚問でしょうが、その後人生において好きな曲とかメンバーとか（いませんよね）。

岡本　いや、好きなグループや曲はいっぱいありますよ。でも僕がビートルズに対して抱く想いは根本的に違うのです。たとえば、今おっしゃられた「フランス・ギャルにあっていないから歯ぎしり」というのと、僕がビートルズ公演に参加したことは全く違うことなのですよ。プレスリーが来ようがボブ・ディランが来ようが、好きな人、ファンにはもちろん神様のご来光でしょうが、**ビートルズが来るというのは、その国の文化が変わる、いや、確かに変わりましたし、それを予感しそれを恐れたから当時の大人たち、識者、有名人、権力者たちは異常にビートルズを排斥しようとした。**ほかの人気者やスーパースターとは違う影響力を持っていた。そういう予感が僕たちにも、大人たちにもどことなくあったのだと思います。

だから、たとえいくら元ビートルズでもビートルズとは根本的に違うわけで、ソロは他のスーパースターたちと同じ。私はこのビートルズだけが現していたその偉業(音楽、アート、ファッション、映像など）と叡智（主に歌詞にあるメッセージ）が大切だと思っていて、それが東京公演の時は単に直感しただけでしたが…。このことの大切さを少しでも多くの皆さんに伝えたい。今もって世間一般的には、「ビートルズ＝有名なイギリスのロックバンド」で終わっているけれど、実は違うのだよ、とね。

だから私はビートルズのこの偉業と叡智こそ伝えるべきだと思い、あれから半世紀以上経っても、趣味、道楽と言われつつも、ここ赤穂に「ビートルズ文化博物館」を設立したり、つい最近も個人でレコード音楽祭をやったりしているのです。

僕はビートルズのメッセージである『愛・自由・平和』が今こそ大切であり、地球、人類を救う道しるべだと考えているけれど、それをわかっている人がほとんどいない。人類が２０００年後に残るためには、「いくら夢物語、遠回りに思えても、『愛・自由・平和』が最も大切なことなのだと君に気づいてほしいんだよ」(I'd love to turn you on.「ア・デイ・イン・ザ・ライフ」の歌詞の一部）ということを。

ウクライナで戦争なんかしている場合じゃないし、自国ファーストで、それぞれの国がてんでバラバラに自国の利益と欲ばかりかいている場合ではない。２０３０年クライシスにはもう数年しかない。いまこそ人類はALL YOU NEED IS LOVEの元に人類存続をかけて一つになって、地球規模で物事を捉えなければならない時に来ているのだと。
特に日本は世界、中でもアメリカの動きに付和雷同して軍備拡張だ、原発再開だ、などと言っている場合ではない。原爆を二度も落とされて敗戦し、平和憲法を持って立ち上がってきた、この世界に類のない貴重な体験をした日本は、今こそアメリカの金魚の糞ではなく、平和立国として世界の先頭に立つべきなんだと。

川上　まさに〝エヴァンジェリスト岡本さん〟らしい回答ですね。納得です。我ながら岡本さんをトップバッターに選んで正解でした。実に面白いライフワークになりそうです。有難うございました。

〔取材を終えて〕

今回の申し出も快く引き受けてくださった岡本さんは、偉ぶったり勿体ぶったりすることが一切ない。ありがちな伝説の誇張もなく、夢にまで見たであろうビートルズのライヴもほとんど覚えていないとおっしゃる。さもありなん。
たとえば数年前のポールのドームライヴで、彼がどんな挙動をしたとか表情をしたとか、あなたは覚えていますか？　という話だ。それが半世紀以上も経った現在、その日になにを食べたか、バスに乗ったか、電車に乗ったか？　どう歩いたか？　など普通は覚えてはいないのだから。

それでも往きの新幹線の車中であれほど恐れていた、学校の、しかも高校の校長先生と同席されたというエピソードは強烈だ。

人は強く想ったことを引き寄せるというが、岡本少年の場合はその後の人生を変える「ビートルズ」であり、同時に恐れていた真逆の出会いが「先生」だったのか。校長先生にしても、教育委員会から釘を刺されていたであろう事案のさなか。道中でのささやかな触れ合いだったろうが、もし、現在の筆者が彼の隣に座ったならどんな言葉をかけただろうか。昭和感あふれる大人の対応は興味深い話である。

『このオッサンには敵わない…』これまでの人生、当該案件全般ではあまり感じたことのなかった謎の敗北感に包まれつつも、言いようのない心地良さにあふれた今回の取材——。

訪れた赤穂は、10月下旬というのにギラギラの太陽が迎えてくれた。前回、数年前の8月に当地を訪れたときも灼熱だったが、岡本さん曰く、この日差しが「塩作り」に適しているとのことで納得だ。

あらためて街を歩くと、いたるところに赤穂浪士の遺構があることに気づく。そして、文化博物館を後に、一路赤穂駅に向かう道中の土産屋さんや飲食店にはビートルズ文化博物館のポスターやチラシが常備。すっかり町中で知られる存在なのだろう。このジリジリするような太陽が、エヴァンジェリスト岡本さんの情熱的な人となりを育んだに違いない。

赤穂城~花岳寺と往時は浪士たちも闊歩したであろう道すがら、風情溢れる路地に面した『衣笠』さんという蕎麦屋で昼食。瀬戸内の港町らしくアナゴとタコが名物らしい。アナゴ天丼に舌鼓を打ちながら、大昔に初めて行ったリバプールのCHIPPY（食堂）で食べたFISH&CHIPSの味を想い出した。

あ、このお店にも文化博物館のチラシが置いてあったな…。蛇足ながら安くておいしいのはもちろん、接客の女の子たちも感じがよかったので、備忘のため付記しておく。

（2022年10月・赤穂市にて）

ファッションからビートルズ道を極めた岡本さんは実に若い。２冊目の著書『岡本備の世界』はより個人的な内面が覗える内容だ。（2023 年夏、ビートルズ文化博物館内にて）

■ビートルズ文化博物館

〒 678-0239
兵庫県赤穂市加里屋 2059

コラム──❶

警視庁撮影「昭和41年6月29日〜7月3日、ザ・ビートルズ来日に伴う警備」であります！

川上弘達

「なな、なんじゃあこりゃあ！」ちょうどこの取材を始めた2022年秋、我々ビートルズ来日フェチが歓喜した出来事があった。数年前にNPO法人が情報公開請求したことは覚えていたが、モノクロはともかく、まさかのサイレントムービーとは意外だった。

特筆すべきは、ビートルズ以外の登場人物の顔にはすべてモザイクがかけられているという代物だったこと。無関心の人が観れば唐突、いささかホラーチックに映るかもしれない。

賛否はともかく、貴重な昭和の歴史がわれわれ一般の目にも公開されたことに感謝しつつ、順を追って観ていこう。

冒頭は手書きテロップ、「ザ・ビートルズ来日に伴う警備」という直球タイトルで始まる。担当は「警備課機動隊」である。大きな会議室に集まり、モザイク越しにも皆さんの神妙な様子が伝わる。武道館とヒルトンホテル周辺の見取り図がまた手書きであることも、時代を感じさせる。

《6月29日》いよいよ来日当日。手書きのテロップは「空港地区検問と〃一行〃到着」とある。検問にかかるタクシー。ここではじめてファンと思しき女性客の姿がある。台風通過を待つこと約半日、お待ちかね。ご一行様の到着シーン、お馴染みの日航法被姿である。

午前4時前の到着だが流石はプロ、メンバーは疲れを微塵も感じさせないが、報道陣はこれからが本番なのにさぞ待ちくたびれたであろう。ピンクのキャデラックでホテルへ向かう。そのあたりの顛末は『ザ・ビートルズをピンクのキャデラックに乗せた男』（文芸社）、『ビートルズ来日学』（ディスクユニオン）が詳しい。

次のテロップは、「ホテル周辺の警戒」―「日枝神社整理線・検問と説得」ときた。ヒルトンホテルの前では婦人警官が張っている。大きく手書きで「ビートルズはファンの皆さん方とはお会いしません。すぐお帰り下さい。赤坂警察署長」との手書き看板が秀逸。

集まった少女たちが追い返されているが、罪悪感からか皆一様にカメラを避けて顔を隠している。昨今の承認欲求の塊のような自己顕示、カメラアピールは皆無だ。詰所のお巡りさんが団扇を扇いでいるのが季節感で、片手のタバコは時代感か。

《6月30日》公演初日。テロップは「会場周辺の状況」。竹橋周辺の警備記録で当時、完成間近の毎日新聞社屋?が映っているのが貴重だ。ファンが集まり始めているのが確認できる。初めて武道館外周が映る。

6月30日の様子を伝える新聞。（ビートルズ文化博物館より）

続いて伝説的な皇居のお堀警備。警戒艇で堀を航行中の若者を拿捕し「説得」するシーン（絶妙なアングルだ）。田安門を通り、続々入場するファン。当日は木曜日。制服姿もチラホラ覗える。アイビールックや半袖ワンピ姿などもあるが、勤め帰りと思しき紳士淑女も多い。

画面の暗さから夕刻に近いのか、着飾った外国人や正装の招待客も続々到着。集結するモザイクのお巡りさんたちからも、初日の緊張感が伝わる。田安門から武道館までの光景は全くと言っていいほど現在と同じだ。

いよいよカメラは場内に移り、満員のスタンドと演奏する4人を捉える（17分頃）。初日のみダークグリーンのスーツを着用しているが、一説には厚手で暑かったらしく、翌日からは見た目もさわやかな白系に変更されている。

「初日」だけあり警備も堅く、スタンドで立ち上がるファンの姿は確認できない。退場するファンもどことなくキツネにつままれたような風情が、日本の「ロック黎明期」を切りとる。

《7月2日》（前日の7月1日はなぜか未公開）1日と2日は各昼夜2公演だ。初夏の日差しのなか、田安門にファンが集まる。街宣車から気勢をあげるシーンが彩りを添えている。

続いてテロップは「國家公安委員長」のお出ましを告げ、制服、スーツ姿の取り巻き連とファンとのすれ違いが面白い。

リムジンでビートルズご一行が玄関に横づけして、武道館に到着。昼の部の演奏シーンはなく、すぐに退場シーンに移るが、相当な一斉退場を強いられたのか激混みである。数人の少女が立ちすくみ、涙に暮れているのを婦警さんがなだめている。いざ夜の部に並ぶ列とのすれ違いのコントラストも印象的だ。

肝心かなめ、公演の模様もおさめられている。画像が粗いが、よく見ればジョンがサングラスをかけているようにも見えるため、最終の5回目公演か。(25分頃)スタンドのファンも、初日に比べると立ち上がって盛大にハンカチを振り回して別れを惜しんでいるのが分かる。警視庁の皆さんもオーラスということで、ある種の達成感からくる慣れか監視がゆるくなっていたのかもしれない(個人的感想)。

それ以上に、こんなシーンからもプレイが白熱していたことが伝わる。やはり2回目以降尻上がり説は正論であることが裏づけられる証拠といえよう。

《7月3日》テロップは、「空港警備　検問とファンの説得」。朝方の羽田空港、最初と最後は蒲田警察署の持ち場だ。梅雨空でどこか裏寂しく、初日と違いどこか緊張感は乏しい。今となっては羽田のどの辺かは判別できないが、検問シーンである。タクシーや一般車両に交じって京急バスまで止められている。なるほどバスからは大量の少女たちが降りて早速警察のお世話になっている。

一方、ヒルトンでも見送る大勢のファンの姿に混じってホテルのスタッフやコックさんも確認できる。ビートルズの出発する9時半頃には雨も上がった様子だ。

ヒルトンの地下駐車場から勢いよく去るビートルズ。沿道のファンの中には流ちょうな筆記体で「ポール、(婚約者だった)ジェーンとお幸せに」なんて横断幕まで用意している。議事堂前や旧議員会館あたりで一斉に手を振り、別れを惜しむ。

一行が通過後、皆さん一様に泣きじゃくっているさまを、冷徹にカメラは捉えている。当日は日曜だが、家人に登校を理由に外出したのか制服姿の女の子も割といる。偶然映り込む、いすゞベレットの流麗なフォルムや野良犬は否が応でも昭和を映す。

ついに羽田に到着したビートルズは、最後まで愛想よく関係者に礼を述べ、タラップを登る。ついぞ演出らしい演出はなかった記録フィルムだが、最後は彼らを乗せた飛行機が曇り空に悲しく消えていくシーンで締めくくられる。

無音の素っ気ない35分間のフィルムは、時系列的な齟齬はあるものの、絶叫で見送るファン達の想いが伝わってくる29分頃からが数少ない「見所」？ではないかと思う。

残る演奏シーンや7月1日収録分などあるのなら、目の黒いうちに音声付き無修正ノーカット版の公開を待ちたいであります。

＊情報公開市民センター提供　https://www.youtube.com/ombudsmanjp

ビートルズに選ばれた人 VOL．2

ビートルズが颯爽と現れて、一生懸命聴こうとしたのですが…前の方から「キャー!!」って。それしか聞こえなくて。

東京都　**石原郁子さん**（おでん屋「えがお」店主）

石原さんは、一見普通の人だが、普通以上の魅力は彼女の持って生まれたチャーミングさと、「ビートルズに選ばれた人」共通の明るさによるものであることは瞬時に感じた。

まず、見た目とお声が若くてキレイだ。公演を観たのが二十歳というから現在の御年は不詳とさせていただくが、連日お店がオヤジたちで埋まるのがその証であろう。（勿論おでんも旨い）

今回の取材も「まずはご挨拶」とお店に伺うも満席で、ようやく空いた席に座っておでんをいただきつつ、遠方からの珍客に気を遣わせて申し訳ない気持ちになる。

こちらもなんとかビートルズの話を聞き出そうとするものの客足は途切れず、次回へ…と諦めかけながら支払いをしていると、お店を補佐されているご主人が事情を察してくださり、翌日の仕込み前にお時間をいただけることとなった。この場を借りて感謝申し上げます。

武道館の前にお巡りさんがたくさんいて、席に着いたときにはもう疲労困憊…

川上　本日は仕込み前にお時間をいただいて本当にありがとうございます。何でもいいんで来日前後のことをお聞かせください。

石原　あまりお話しするようなこともないんですけど。
川上　『東京ビートルズ地図』(交通新聞社)を拝読しましたが、お兄さんのご友人からチケットを譲ってもらったそうですね。
石原　ええ、そうなんですよ。ラッキーだったんです。
川上　それでは当時はどうしても観たいという感じではなく、むしろビートルズを観てからファンになったとか?
石原　そういうわけでもないんです。3人兄妹で母親が大正生まれ。子どもの頃からすでに英語教育を受けた世代で、西部劇とかよく見せてくれていたんです。
川上　ジョン・ウエインとかゲイリー・クーパーとかの時代ですか?
石原　そうです。一番記憶に残っているのは『ボタンとリボン』(腰抜け二丁拳銃)みたいな。で、兄がピアノを習って軽音楽をやっていて、プレスリーなんかを聴いていた彼の後ろをくっついて回るような子だったので、一緒にラジオをよく聴いてたんですよ。だから割と早くから洋楽が好きだったんですね。それで高校生になってビートルズが出てきてワーってなって。その頃、兄は年上なのでモダン・ジャズとかも聴いていましたが、大学の勉強もありゼミの友達も忙しかったみたいで、せっかく当たったビートルズのコンサートに行けなくなっちゃって…。結果、ビートルズファンで兄の〝金魚のふん〟だった私に回って

きたんです（笑）

川上　では無償で手にいれたわけですね。

石原　兄がその方に支払ったかどうかは覚えていないですけど、少なくとも私は払っていません。

川上　最上の形です。

石原　でも、ちょうど二十歳になった頃であまりライヴに行ったこともなかったので、当日武道館の前の田安門を通るときにお巡りさんがたくさんいて緊張しました（笑）。だから、席に着いたときにはもう疲れていたんですよ。

川上　わからんでもないです。しかも席も一番上だし（石原さんのお席は3階のX列、一番後ろのいわゆる天井桟敷だが真正面の南ブロックなので最上グレードの黒色「A」席だ）。僕もXに座ったことあるんですけど、遠いんですよね。

石原　（位置が）高過ぎですよね。

川上　石原さんは小柄ですから、僕みたいな大男が前に座ったらきっとライヴが台無しです。

石原　まあ、武道館は角度が急なので見えなかったことはないですけど、**音が届かないんです。**

川上　ほとんど聴こえなかったと？　公演中何か、「この曲を歌ってる！　あ、イエスタデイだ！」とか判明した曲はありましたか？

石原　うーん。覚えてないです（笑）

川上　覚えていないのが普通だと思いますよ。

石原　うちのお客さんがよく、「ドリフターズが出たんでしょ？」って聞かれるんですけど覚えてないんですよ（石原さんが観た回に出演記録あり）。

川上　皆さんドリフが大好きですからね。すぐ話がそっちに行く傾向がありますね。

石原　内田裕也さんとか尾藤イサオさんとかも出たみたいだけど、当時あまり知らなかったから。

川上　ドリフターズもまだそこまでの人気じゃなかったのだと思いますよ。

石原　あとでいろんな本が出て知ったくらいなんです。

川上　本題に戻しますが、石原さんがご覧になられたのは一番後ろでも南ブロック、真正面だったのは幸いですね。

石原　はい！　そうなんです。

川上　なにかメンバーの動作的なものでご記憶はありますか？

石原　なにか、**元気に出てきた記憶はあります。ポンっ！と登場した**みたいな。（石原さんのご覧になられた回は録画が残っており、ご記憶通り颯爽と登場する。やはり最後列の客席でも充分彼らのショーマンシップが伝わっていた貴重な証言だ）……なんて初めは思いましたけど、やはり音は聴こえないしメンバーは小さいし。アリーナにテレビカメラ用のレールが敷かれていた、なんてことは覚えているんですけど。

川上 貴重なご意見です。人間往々にして、〝明後日のほう〟ばかりが気になることがありますよね。

石原 そうそう、そういう感じです（苦笑）

オシャレして半袖のワンピースで武道館へ 斜め前の席に、芸能人？を発見

川上 コンサート自体は初めてでしたか？

石原 クラシックやジャズくらいだったでしょうか。

川上 さすがは東京の女の子です。あと、当日はどんな乗り物でどのような経路で武道館へ？

石原 どうでしたかね…。最寄りの国電の駅だったような。だったら飯田橋かなぁ。

川上 ちなみに当日のお召し物はどんな感じのものだったのでしょうか？

石原　頑張ってオシャレして、半袖のワンピースを着ていったことを覚えています。
川上　再々ですが、公演中に気付いた曲はなかったということですか？
石原　うーん。直後なら覚えてたかもしれませんが、今となっては。

特大サイズの公式プログラムには法被姿のポスターがついた。えがおの常連、井口さん（後述）から頂戴した本物のポスターと著者所有のパンフレット（レプリカ）

川上　まあ、半世紀以上も前のこと、普通は覚えていないですよね。僕も5年前のポールがステージで何言ったかなんて思い出せませんから。
　ご覧になられたのは7月1日昼の部ということは、その夜、日本テレビで公演の録画放送があったのですが？
石原　たぶん観たと思うのですが、…それも覚え

てないんです（笑）

川上　帰り道はどうでした？

石原　行列のなか帰ったことしか…。当時、九段下の駅はあったのかな？ 何線？（ご主人「東西線だよ」）…当時はまだなかったかもですが。（東西線は来日直前の昭和41年3月に高田馬場―竹橋間が開通しているから石原さんの記憶が正しい可能性が高い。ついでながら竹橋の毎日新聞本社屋も同年完成している。駅の開業に合わせたのだろう）

川上　当日、武道館で何かお買い物とかなさいましたか？ 土産物だったり、お菓子を買って食べたとかなんでもいいのですが。

石原　売店に寄るという余裕はなかったです。あ、斜め前に伊東ゆかりさんをお見かけしたような気がしました。

川上　へえ！ しかし伊東さんのようなスターでも後ろの席なんですね。まあ後ろといっても石原さんの券は最上ランクのA席ですからね。恐らく正面だからでしょうね。

石原　あ！ そういえば大きなプログラムを買って帰りました。ただ、バラバラに分解してポスターにして壁中に貼っちゃったもんだから残ってないんですよ。

川上　きれいな状態ならば、今は1万円くらいします。

「お店のBGMは ビートルズ」と即決 おでんとビートルズ、実は合うのでは?

川上　石原さんは二十歳だったとのことですが、周囲のお客さんと比べるとややお姉さんでしたか?

石原　そんなことはなかったですよ。**割と上の世代の方が多かったような気がします。そんなに若い子ばかりだった印象はない**ですね。

川上　中学生、高校生はいなかったと。

石原　なんとなく大人の人が多かった気がします。雰囲気が物々しかったのもありますかね。私自身、緊張した感じでした。（この話も貴重だ。氏がご覧になった2回目は金曜日の昼の部。全5回のうち、学生がもっとも行きにくい唯一の「平日の昼間」公演であることを考慮すれば、最もアダルトな公演回だったことが想像できる）

川上　石原さんは性格的に、「キャーッ!」って叫ぶほうでしたか?

石原　いえ、黙っていました。キャーッ! は最近です!（大笑）

川上　（笑）周りの雰囲気はいかがでしたか?

石原　案外おとなしかったですよ。

川上 石原さんのおられた後ろの方は、もう眺めていた感じでしょうかね。

石原 **前の方から、「キャーッ!」って聞こえていました**けど。

川上 ご貴重な証言です。

石原 ただひたすら聴こうとしたのですが――。

川上 聴こえない。

石原 はい。

川上 ちょっと不躾な質問ですみません。周囲で〝失禁〟された方とか見かけませんでしたか? 婦警さんに手当してもらっている光景とか?

石原 それはなかったと思います。退出が一番最後あたりでしたから、出る頃にはトラブルも大方おさまっていたのかもしれませんが。

川上 翌日のことは何かご記憶でしょうか? 当時は翌日の土曜も学校があったと思うのですが、何か校内で話題になっていたとか? 石原さんから「昨日ビートルズ観たよ!」なんて話しかけたとか?

石原 (となりのご主人に)「私、次の日何か言いましたか?」と振るも「……。」(お二人の永い関係が瞬時に腑に落ちたが、どこか羨ましいアイム ア 「ジェラス ガイ」だ)

川上 あの…、ふと思ったのですが、旦那さんとはビートルズが馴れ初めとか?

石原　いえ、当時この人はクラシックを聴いてた方なんです。

川上　立ち入ったことですみません（笑）。さてそろそろ時間ですが、ビートルズを観たということでその後の人生において何か変化のようなものがありますか？

石原　このお店を始めるときに、ＢＧＭはビートルズにしようってすぐに決まりました。お客さんも同年代が多いだろうからビートルズなら共通の話題にもなるだろうしって。おでんとビートルズは実は合うんじゃないかって。（確かに新境地です）

川上　石原さんは「ハロー・グッドバイ」がお好きだったと聞いたのですが、その後心境の変化はございますか？　今日のご気分でもＯＫです。

石原　お店で聴くのは明るい歌がいいですね。もちろんこんな歌も好きですが（店内ＢＧＭで「ミッシェル」がかかっている）、英語が弱いものですから「ハロー・グッドバイ」なら最初から最後まで分かるじゃないですか。単純明快、元気がいいから大好きなんです。アルバムなら『アビィ・ロード』が好きなんですが、ちょっと重い歌とかあるじゃないですか。なので、お店で聴くにはちょっと…みたいな。

川上　大音量でShe's so HEAVEEEY!! とかやられたら確かに悪酔いしますね。ビートルズ以外ではいかがですか？

石原　official髭男dismが好きです（笑）。デビューしたときに４人でキチッと並んだ写真を見て、『ビートルズの再来かな』なんて思ったんですよ。しかも曲がいいし、それからはツアーの度に観に行って「キャーッ！」ってやってます（爆笑）

川上　それはビートルズと比べられたofficial髭男dismの皆さんも光栄ですね。本日は開店前のお忙しい中お時間いただきまして有難うございました。

【取材を終えて】

「三鷹」。首都の大動脈ＪＲ中央線の有名な駅名だが、おでん屋「えがお」の女将さんのおかげで初の下車となった。

若者や文化人に人気の吉祥寺のすぐ隣ということもあり、駅前にはひと通りのお店や施設がそろっている。北口にはクリスマスイルミネーションもまばゆく、行き交う人々もお洒落をまとい、どこか高い民度を感じさせる上品な印象の街だった。

そんな小ぎれいな駅北口を左に出て、最初に目に入る赤ちょうちんが「えがお」さんだ。取材の日は普段の仕込みよりも30分早く店に入ってくださり、インタビュー開始。おでん屋の女将さんといえば、いかにも赤木春恵さんや菅井きんさん風のきっぷのいいご婦人を連想するが、あにはからんや石原さんは看板に偽りなしの笑顔が素敵な実に可愛らしい方だった。お声も華奢な外見通りの若々しいトーンの、真正妹キャラの女性。こちらのどうでもいい些末な質問や愚問にも丁寧に受け答えいただいているうちに、一つ気付いたのはやはり、石原さんのお人柄も三鷹の人たち同様にどこか上品であること。

学生時代にジャズやクラシックに親しみ、お兄様はピアノを習われていたなんて、当時で言えばきっと相当なハイソサエティに違いない。そのお兄様も、勉学で行けないビートルズのプラチナチケットをかわいい妹君に差し上げるなんて、育ちの良さ以外では説明できない！と勝手に妄想した次第である。

インタビューでは何度も、ライヴの風景について「あまり覚えていないんですよね…」と断りを入れられた石原さん。しかし、考えてみれば現代でこそYouTubeなどの動画で後から何度も刷り込めるわけだが、一回しか観ていない当日を逐一覚えている方が珍しいだろう。

それでも、ビートルズがステージに颯爽と登場したシーンは動画にも確かに残っているし、何しろ悪評高い初日のステージングを反省し、この2日目からは入念にリハーサルをして臨んだという伝説を充分に裏付ける回想をご教示いただけたことは収穫だった。（東京での〝おふくろの味〟の発見も大収穫！）女将さん、また食べに来ますね！

（2022年11月・三鷹市にて）

割烹着もかわいい石原さんの前では長い顔も余計に締まらない。日本一値打ちのある何の効力もない紙切れと。至福。

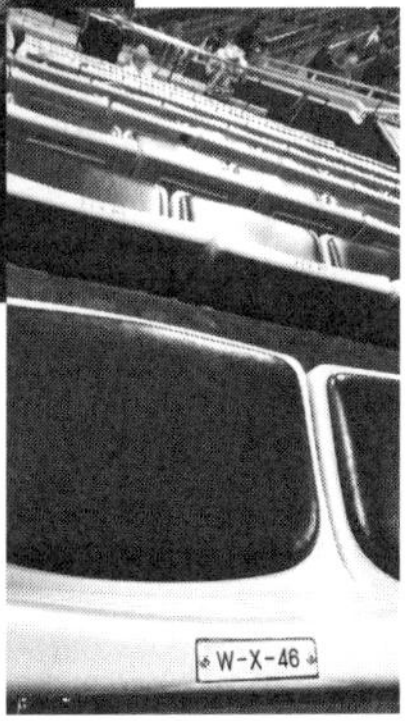

石原さんが座った最後列W列からの眺め

■おでん屋　えがお

〒181-0012
東京都三鷹市上連雀１－１－５

ビートルズに選ばれた人 VOL.3

6/30はなんせ初回だから、なにに演ってて、いつ終わるかなんてわからなかった。（井口）

俺の最終回（7/2）は前の晩（7/1）にテレビで観ていたから割と冷静だったよ。（川原）

東京都 **井口雅夫さん**（コンサルタント）

東京都 **川原伸司さん**（音楽プロデューサー）

これまで無縁だった三鷹という街に、深く関わるようになった。前年にお話を伺ったおでん屋、「えがお」の女将さんから常連の井口さんをご紹介いただき、取材当日は氏とご親交の厚い川原さんも駆けつけていただく僥倖を得た。

川原さんは音楽業界では裏方さんだが、日本人なら誰でも知っている曲を何曲も世に問うた、ビートルズで例えるならサー・ジョージ・マーティン的な存在。現に2022年、自叙伝『ジョージ・マーティンになりたくて』（シンコーミュージック）を上梓されているので是非ともご一読をお勧めする。

2023年の2月下旬。井口さんと三鷹駅で落ち合い、駅付近の喫茶店で川原さんを待つ間、しばしの雑談中にやおら腕をまくり時計を見せていただいた。「これ、高校の入学祝いに親が買ってくれたんですよ」。秒針こそ無くなっているものの、当時なかなかの定価だったことが伺えるクリーム色の盤面、丸い手巻きのシチズンを手渡してくれた。

そして、「これ、武道館につけていきました」とぽつり。そんな井口さんが当日のチケットやプログラムを粗末に扱うわけもなく、綺麗に保存されたお宝を拝ませていただいた。

そうこうしているうちに長駆、港区のスタジオからレコーディングを終えた川原さんも到着。お二人ともそれぞれの場で活躍する「現役」であり、丁重な名刺交換ののち、本題に入った。

ジョンの弾き方ってガニ股でしょ？
姉の言葉を思い出した。その通りだったから（笑）

川上　まず確認ですが、井口さんが初回の6月30日をご覧になって、川原さんが7月2日の最終の5回目を観ておられますよね。

川原　6月30日の公演を観た井口が、翌日学校で僕にセット・リストを見せてくれたんですよ。

井口　そう、もう興奮しちゃってね。でもそれが6月だから、入学して2か月くらいでよくあんなに仲良くなったもんだね。

川上　いきなりお熱い展開ですね。

井口　6月30日は確か木曜で、当日の6時間目の生物の授業中…。教壇に立っていた小田桐先生の目を盗んで、その日のチケットを川原に見せて自慢したことを覚えています。なんせ**30日の昼休みに友達から買った**んだからね。

川上　正規ルートではないにしても、ビートルズ来日に限って「当日券」というのも普通はあり得ませんよね。

井口さんが当日身に着けていた入学祝の腕時計。たっぷり武道館の空気を吸っている。左は公演プログラム付録のポスター。

川原　よくあったケースは当時、協同企画さん（現在のキョードー）主催のフランス・ギャルなんかの会場で、観たくもないライヴを観に行って買ったということはよく聞いたね。

川上　しかし、僕からしたら全盛期のフランス・ギャルが観られたというだけでも凄いです。さて、6月30日のことで鮮明に覚えていることを教えてください。

井口　まず一番驚いたのは、ジョンとジョージのギターです。さんざん本やテレビで観ていたリッケンバッカーとかではなかった。（二人ともエピフォン・カジノを使用）

川上　なるほどですね。でも写真で観たのと違うと、少しがっかりしませんでしたか？

井口　まあ少しはね。でも映画『ア・ハード・デイズ・ナイト』で観たギターと衣装でなかったことを意外に思いました。それとね、僕が観た席は東ブロックだったので、ジョンの横だったんです。**ジョンの弾き方ってガニ股でしょ？　来日以前にテレビのエド・サリバン・**

ショーを観た姉が、「ジョンって、おしっこがしたいみたいね」って言ったのを思い出した。その通りだったから（笑）

川上　おしっこだけあり生々しい。そういうのが聞きたかったんです。

井口　それとね。当日はテレビ撮影があったからライトがきつくてね。髪が余計に金髪に見えたのを覚えてるな。

川原　（撮影のない）僕が観た7月2日はそんなことなかったよ。

川上　あ！ なるほどですね。公演によって光量が違うんですね。新発見です。

井口　で、あの濃緑スーツのコスチュームは初日だけなんだよね。だから翌日テレビで観たら、「あれ？ 夕べ（30日）と違うぞ」と驚いたよ。

川上　公演回により、少しずつ衣装を替えているんですよね。薄いグレーのスーツとか上下セパレートだったり、シャツを替えたりと。川原さんのご覧になられた7月2日の夜で特徴的なのはジョンがサングラスをかけていたことですが。あれがレアですよね。

川原　うん、あんまりないよね。バーズのロジャー・マッギンみたいな。最近、僕の観た2日の写真が発掘されたけどね。

川上　（サングラスで）顔が見えなくて、ちょっと残念だったりしましたか？

川原　うん、それはちょっとね。ずっとかけてたからね。そういえば**当時の武道館の席割**

りは、今とでは微妙に違うんだよ。

川上 えっ⁉ 違うんですか？

川原 そう、ほとんど同じだけれど、実は微妙に違う。

川上 新発見です。ただ北スタンドとアリーナは客が入ってないことから1回の公演での観客数は1万人と言われていますが、実数は7000人くらいでしょうか？

川原 そうね。6000（人）くらいかもね。

川上 そうなると5回の公演中、一人で複数回観た人もいるだろうから総人数は多くて25000人くらいといったところでしょうか？ 川原さんはどのあたりのお席だったんですか？

川原 僕のは北東ブロックだったから、あまりよくなかったな。

川上 それでも券種は一番いい席扱いですか？

川原 そう、2100円のA席ですよ。（A席2100円＞B席1800円＞C席1500円の価格設定だが、設定の少ないB席・C席の半券はほとんどお目にかかれない）

井口 （おもむろに、持参いただいた実券を取り出し）いつもは金庫に入れてるんですよ。

川上 おおっ。伝家の宝刀がついに出ましたね。帰り道、オヤジ狩りに遭わないでくださいよ。末端流通価格が万単位ですからね（笑）

川原　みんなチケットは持ってるんだよね。どっかの有名な社長さんは捨てちゃって、『行ったなんてウソだろ。観たことになってるだけ』っていじられてるヤツもいるんだよ（笑）

川上　さて、どなたでしょう？　きっといつまでも言われちゃうんでしょうね。

「聴こえなかった」のは、ビートルズを知らないとか聴く気がなかっただけじゃない。もっと他に理由があった

川上　さて、いよいよライヴ本番ですが、どのくらい聴こえたのでしょうか？

井口　皆さんよく聴こえなかったといいますけど、**僕は全曲聴こえました。ついでに司会のE・Hエリックさんのセリフやドリフターズを含めて全部聴こえましたよ。前座が紹介される度にみんな、ビートルズが出てきたと勘違いして一斉に「ギャーッ！」**ってね。

川原　俺の日はね、ドリフターズは出ていないんだよ。実は観たかったんだけどね。残念だった。

川上　志村けんさんが観たのが、ドリフの出ていない7月2日だったのはご愛敬ですね。

川原　それはキチンとプログラムに書いてあるんだよ。「7月2日は、ドリフは出ない」と（確かにプログラムにその記載あり）。で、「のっぽのサリー」を演ったんだよね。

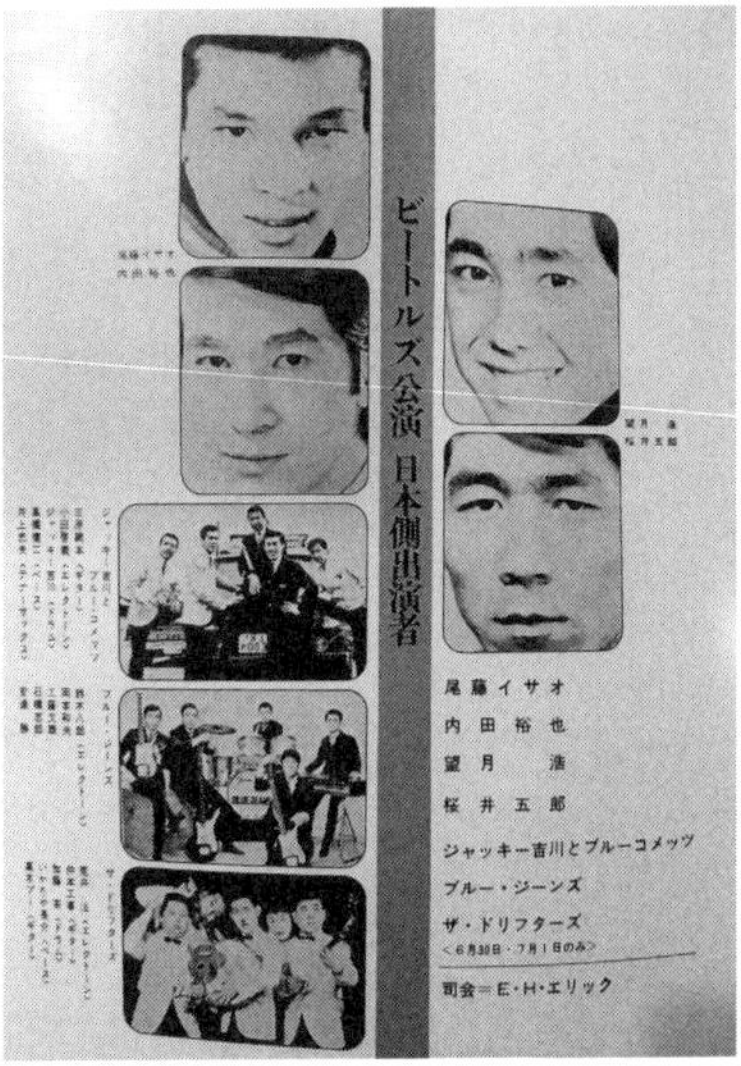

ザ・ドリフターズは6月30日・7月1日のみの記載あり。

井口　観た俺は全く覚えてないけどね（笑）。今はYouTubeで観られるみたいだけど。

川原　くだらない憶測でさ。ドリフのせいで、ラストナンバーが「のっぽのサリー」から「アイム・ダウン」に変わっちゃった…なんてね。

井口　本家と被っちゃうからか？　そりゃねえよ！（笑）

川上　直後のアメリカツアーでは実際に「のっぽのサリー」を演ってますからね。無い話では無いかもですね。お二人は、どの曲が印象に残っておられますか？　いまだに思い出すような。

井口　**リンゴがつまらなそうだったですね。**というのも、映画『ア・ハード・デイズ・ナイト』や『ヘルプ！』では、道化役で明るいキャラのイメージを持っていたので。ただ、**「デイ・トリッパー」の最後のリフで、ハイハットのシンバルの素晴らしい奏法だけは、強く鮮明に覚えています。**

川原　「ペイパーバック・ライター」には驚きました。４ピースのバンドで、あの無駄のないバランスのとれたアンサンブルを生で聴けたことは素晴らしい体験でした。

川上　6月30日のリンゴ不機嫌問題ですが、ひょっとして当夜に録画があるとは分かっていなかったのでしょうか？

井口　いや、そりゃないでしょ。もうその頃はみんないやいや演ってたんでしょうよ。

川原　それが、**7月2日は出来がよかったんだよね。リンゴも機嫌よく手を振ってくれた。**

井口　まあ、初日はドイツからアンカレッジを経由、台風も待ったりで移動も大変だったんだろうね。

川原　理由として、ＰＡ（Public Address）もなかったしね。ＰＡシステムができるのが１９７０年頃なんですよ。ＰＡを使ったフリートウッド・マックのステージを１９７１年にロンドンで観た加藤和彦さんが、「これからはＰＡが無ければコンサートはできない」と言われたのを覚えている。

それまでは、座る位置によってはドラムしか聴こえないとかあったわけ。それが初めて会場均等に聴こえるようになったんだよね。まして当時の武道館なんてでたらめな音響システムだったわけで、**客席によっては全然聴こえない席もあった**のです。だから青島幸雄さんや三島由紀夫さんたちが座ったであろう正面の南スタンドの席は反響がひどくて、案外聴きにくかったんだと思う。

逆に**俺たちが座った東や北東スタンドは、モニターの反響が少なくアンプの近くだから聴こえるんですよ。だから、聴こえなかったという理由はビートルズを知らないとか聴く気がなかったのもあるだろうけど、きっと単にPAシステムがなかったから**ですよ。

川原さん(写真右)と井口さん(同中)、筆者

川上　それも目からウロコです。ファンじゃないとか気合が足りないとか情緒的な話だけではなく、物理的な条件なのですね。それでは川原さんの場合も全曲聴こえはしましたか?

川原　前もって**前日にテレビで観ていたからね。割と冷静でした。**確認しに行ったような。

川上　なるほど、新しい視点を覚えます。でもある意味、面白くないいっちゃないですよね。あらかじめ分かってるというのは。

川原　うん、結構冷静でしたね。

井口　僕の場合は**初日だったから、いつ終わるのか、何曲演るのかも分からないからね。**

川上　あ！　それもそうですよね。７月１日の昼のテレビ放送はカラーでご覧になられましたか？

井口　いや、当時の一般家庭は白黒テレビですよ。

川原　カラーテレビが普及したのは１９６８年のメキシコ五輪くらいからだからね。

井口　当時は画像ネタが少ないので、あの晩は白黒テレビの前で三脚を立てて、父親に写真を撮ってもらいました。

川原　結局、今のテクノロジーで判断するのは大きな間違いなのです。音楽業界の人間からすると、聴こえた聴こえないはその人がファンだとか、ファンでないから聴く気がないといった議論はさておき。それ以前に、ＰＡシステムがないという根本的かつ物理的な問題が大きいわけです。

川上　あとはメンバーの口の開け方やフリから聴覚に伝わった人もいるでしょうしね。

井口　それと、全員が知っているような大ヒット曲をあまり演らなかったというのもあるかもね。

川上　確かに「イエスタデイ」「アイ・フィール・ファイン」以外はシングルB面とか割と渋めの選曲ですからね。当時の最新曲「ペイパーバック・ライター」はすでにご存知でしたか？

井口　もちろん。**初日はポールのベースがブンブン鳴っていた**よ。

川原　いかにPAが画期的だったかということ。アコギにマイクを近づけたり離したりする必要なく、今のミュージシャンは楽に演奏できるようになったわけ。

川上　なるほど科学的ですね！　単なるメンタルだけの問題ではないということが腑に落ちます。

席の横の通路にいたお巡りさんが、
「ねえ、ジョージってどの人？」って

井口　あとはね、最後の**「アイム・ダウン」のMCで、ポールがチラッと腕時計を見た**のを鮮明に覚えている。なんせ初日だから、いつ終わるのか分からないからね。

川原　そうそう、「もう帰んなきゃあ」っていうゼスチャーね。

川上　当時の動画を見ていると、大体ラストでポールが見せるお約束の演技ですよね。で終演を察した会場が一段と「ギャーッ！」となる。

川原　あれは欧米人特有のポーズです。

井口　**ジョージは横や後ろを向いて手を振ってくれた**りしていましたね。

川上　当日に召し上がったものや、何か売店で買い物したご記憶はありますか？

井口　いやー。俺はその日はもう財布カツカツ。なんせチケット代払ってるから。よくプログラムが買えたなって。電車代も危なかったはず。
川原　当時、武道館に売店とかはなかったんじゃないかな?
井口　プログラムも500円くらいしたと思う(実際は300円)。シングル盤が330円の時代だったからね、安くはなかったよ。
　実は僕は、5曲目の「ベイビーズ・イン・ブラック」だけは分からなかった。当時はシングルしか買えなかったから、アルバムのみの収録曲は知らなかったんですよ。あとは2曲目の「シーズ・ア・ウーマン」なんかシングルのB面曲で、『なんでこんなの演るんだ!?』って。
川上　今にして思えば随分、玄人好みの選曲ですよね。
川原　そうね。予想がまったく当たらなかった。プログラムにも福田一郎さんが「シー・ラヴズ・ユー」を演るなんて書いてあって、「なんだ、全然当たらないじゃないか」って言う人もいたけど無理もないんです。音楽業界から見ても、当時と今では情報量も洋楽評論家の在り方も違いますから。
　今の洋楽評論家みたいに自由に海外に行って持論を展開するのではなく、英米で集めてきた情報を伝えるのがメインだったから、今の視点で責めることはできません。PA同様、当時の価値観を今の尺度で判断はできないし、今の価値観であの当時を測ることがもどかしい。このことを、音楽を生業としている自分が生きている間に後世に伝えておきたいのです。

川上 有難うございます。さてそんな空前絶後のライヴの後、どうやって帰路につかれたのでしょうか？ 川原さんは『ビートルズを観た』（音楽出版社）の中で、「地下に潜りたくなかった」とおっしゃっていますが、歩いて帰られたとか？

川原 いや、武道館の前から都電で市ヶ谷を経由して新宿の大ガードまで行って、西武新宿線で帰りました。

井口 東西線はね、当時は荻窪が始発駅だったんですよ。僕は学校のある小金井から中央線に乗って東西線で帰りました。

川上 井口さんは制服で行かれたのですよね。苦労して手に入れた当日券を警官に取られたら……なんて心配はなかったですか？ 結構ワルだったとか？

井口 いやあ、あまり考えてなかったですよ。今の子たちよりは（精神的に）子供だったからね。

川上 まあ、当時の大人全員が否定的、攻撃的な人ばかりではなかったでしょうしね。

川原 そう。隣の女の子が「ジョージ！ ジョージ！」って叫んでたら、**通路にいたお巡**

りさんが「ねえ、ジョージってどの人?」って尋ねていたのを覚えている(爆笑)

川上 へえ! そういう話が聞きたかったんですよ。会場で隣の人と何かおしゃべりしたなんてありましたか?

川原 ないない。よほどの関係者でなければ基本的にバラバラなので連席自体が少ないし、会話しようにも情報自体が少ないからね。

井口 今のサッカーのワールドカップみたいに日本中がビートルズ一色になったわけではないからね。

川原 ファンなんて東京都内でもクラスに2〜3人。舟木一夫さんとか御三家の方が人気があった。いわゆるカウンターカルチャー世代全員がファンだったということはなかったですよ。

スピルバーグの『未知との遭遇』の感覚…
奇跡に近い、まさに未来を見た感じです

川上 愚問かもしれませんが、もしビートルズを観ていなかったら今のご自分はありますか?

井口 全然違っていたであろうことは断言できます。考え方っていうか、生き方がね。

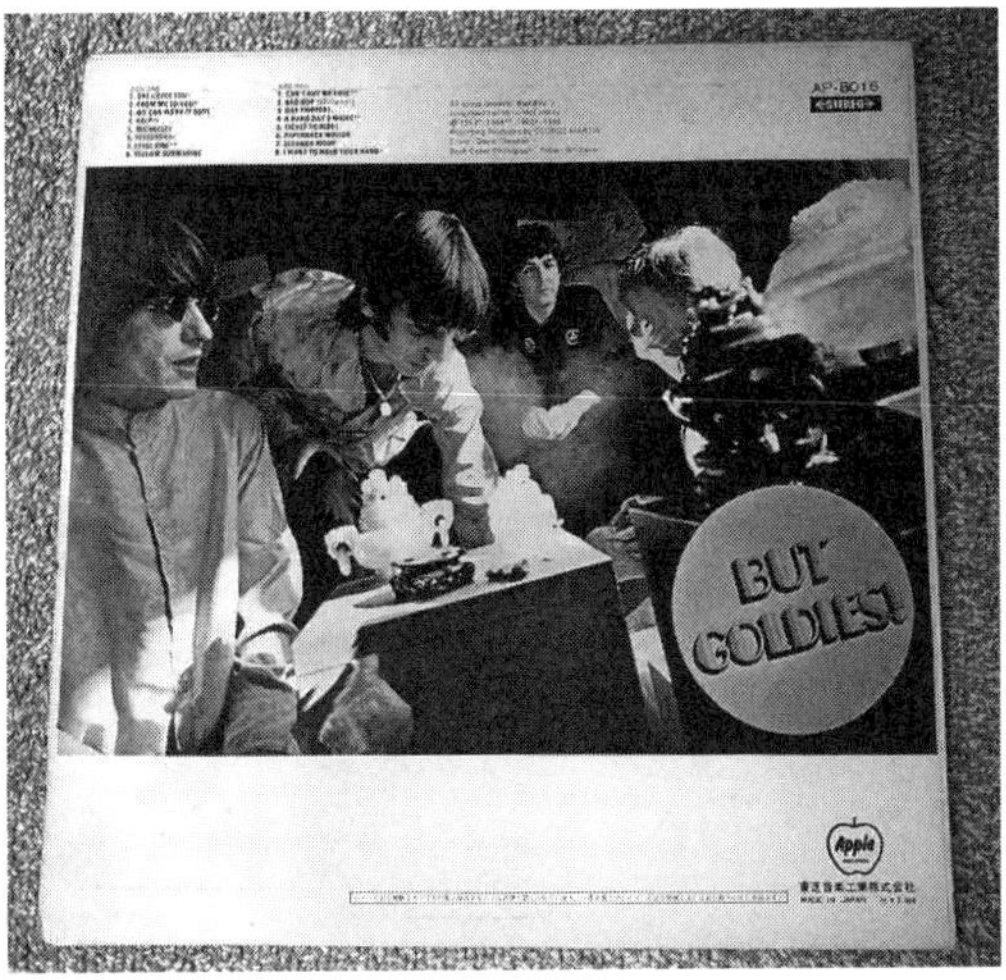

『オールディーズ』の裏ジャケットは1966年来日中のワンショット。時空を超えている。和装のポールもイケている。

川原　うーん。いずれにせよ普通のサラリーマンにはなっていなかったでしょうね。当時僕はアニメーターを目指していましたから。手塚治虫さんの下でアルバイトをしていたのですが、アニメの方の会社が倒産しちゃったから音楽業界へ進んだみたいな。

川上　あまり誉めてはおられませんでしたが、手塚さんもビートルズを観ておられますね。

川原　きっと良いも悪いも理解できなかったのでしょう。僕の場合は観て変わったというか、**スピルバーグの『未知との遭遇』に近いですね。未来を観てしまった。**

あの武道館に居た4人が現代に居たとしてもおかしくないって、不思議じゃないですか？　お客さんを見ても前座を見てもやはり60年近く前の姿ですが、ビートルズだけは歳をとらない。

川上　すごくよくわかります。１９６６年のビートルズは、２０２３年の新人バンドと紹介されても違和感ないです。実に不思議ですね。

川原　**ビートルズはすべてにおいて、すごく程良いんですよ。ファッション然り、髪も長すぎずパンツの太さとか、やり過ぎ感がないから普遍なんです。**奇跡に近い。まさに未来を見た感じです。

川上　松村雄策さんが、「神を観た」と書かれていたのを思い出しました。

川原　それに近いね。この人たちを追いかけていけばいいのだという未来への道標を感じたね。

川上　この質問をお二人にするのは恥ずかしいのですが、一番お好きな曲ってありますか？

井口　（しばし間があり）難しいけど僕は、「サムシング」って答えることに決めている。

川原　僕は、日によるんだよね。

川上　ですよね。では生涯で最も再生した曲はいかがでしょう？

川原　「ユア・マザー・シュッド・ノウ」かな。似た曲がないよね。「ミッシェル」とかも手がかりがないというか。アルバムでは『リボルバー』だね。

川上　ビートルズが去ってしばらくして、『リボルバー』がでたときに直ぐに理解して好きになれましたか?

井口　川原が教室でやたら「トゥモロー・ネヴァー・ノウズ」を推していたのを俺はハッキリ覚えているよ。

川上　当時あの曲を直ぐに理解できる人がいたなんて、作者(ジョン)が聞いたら喜ぶでしょうね!『リボルバー』はこの作品から制作が始まったんですよね。

川原　あれが分からない人たちはモンキーズに流れたんです。主演のテレビ番組もあったしすごく人気が出た。ビートルズが髭を生やしだしたりして、よくわかんなくなっちゃったんだろうね。

井口　僕は回数で言えば『ホワイト・アルバム』かな。学校から帰って毎日よく聴いてたな。

川原　ひょっとして一番聴いたのは、日本盤『ビートルズ!』かもね。選曲が世界一といえるデビューアルバムだよね。

川上　あれは反則級では!?「これでダメならこっちに来るな」みたいな意思さえ感じます。

井口　いい曲ばっかりの曲順といい、東芝音工の高嶋(弘之)さんがいい仕事されているよね。あの影響が大きかった。

川上　それでは最後に、本日はせっかくその道のプロにお会いしたので特別の質問なのですが、もしビートルズから「1曲プロデュースしてほしい」と言われたら、どの曲を選ばれますか？

川原　ビートルズ名義ではないけれど、ジョンの「ギヴ・ピース・ア・チャンス」。あれをリメイクしてみたい。サンプリングを施しラッパーを使いコーラスの部分をキチンと「ウィー・アー・ザ・ワールド」みたいに録れば、ヒットすると思う。**ビートルズが選んだ最終テイクはもう全曲完璧ですよ。弄りようがない。**

川上　（僭越ながら）流石です。本日はどうもありがとうございました。

〔取材を終えて〕

ここ武蔵野市で育った井口さんの話によると、昔はこの辺りに米軍施設があったとのこと。高校のある小金井あたりまではホーム、「庭」なのだろう。3人による座談会形式の長いインタビュー後、高校からの親友同士、どちらからともなく軽く一杯…という話になり、筆者もちゃっかりご相伴に預かった。

気の置けない親友同士のお話を伺っていると、取材中では聞けなかった当時の貴重な話がてんこ盛りだった。例えば、60年代後半にもなると東京では、アメリカで新譜が出ると

ビートルズがお二人のつながりを60年前に戻してくれる。井口雅夫さん（右）と川原伸司さん（中）

数日のうちには輸入盤が手に入り、その価格は国内盤より高価だったとか。

両氏はクラプトンやELOの大ファンでもあるそうで、その聴きどころ、あるいはコニー・フランシスらによる日本語バージョンの乱発からヒットの理由、音楽業界のこぼれ話などなど、字数の制限がなければ音楽好きなら全部記載したい貴重なお話ばかりであった。

とりわけ何から何まで予測不能の初日初回、6月30日の目撃者と中日の7月1日のテレビ放送を観て臨む最終日最終回、7月2日の感覚はまったく違う感動だったことや、「聴こえる聴こえない」論争の物理的理解を得たことは大収穫だった。

井口さんはクールな星柄のシャツに赤いベルトが実にロッカーないでたちだ。が、そんな見た目に反してお仕事は物流関係のコンサルをされているそうで、当時のチケット類や雑誌、ポスターなどを几帳面に記録、保管されている。お陰様で冒頭の武道館の空気をたっぷり吸った腕時計、綺麗なチケット半券、添付の注意書きなどをこの手で触らせていただいた。

川原さんは、雑誌などで「ビートルズ論」を拝読していた通りの理論派で、筆者の根拠のない思い込みや刷り込みに対して分かりやすい言葉を選んで解説いただいた。その折々に、音楽業界の大先生というよりは、いつしか授業の上手かった先生を思い出していた。

そんなお二人の共通点は酒豪であること。この日の豪快な飲みっぷりを拝見すると、まだまだご活躍は期待できそうだ。なんでも川原さん曰く、「川原！といまだに呼び捨てするのは井口だけだ」とのこと。やがて宴もたけなわ、頃合いを観て「おい川原、今日はこの辺にしとけよ」の合図で最後のワインをキュッと飲み干した川原さんは潔く席を立たれ、散会となった。このあたりも実にあっさりとして都会的、お二人の友情を垣間見た思いだった。

しかし、そんな職業や立場の違いなどを超え、一瞬にして60年近く前の「少年時代」に戻してしまうビートルズの魔力ってなんだろう。

（2023年2月・武蔵野市にて）

コラム——❷

予算別聖地巡礼ガイド!? 令和版ビートルズ来日ごっこ

川上弘達

「想像してごらん」そう、私はご想像通りの夢想家、ヒマジンである。暇に任せて実践してきたビートルズ日本公演再現気分で楽しめる? 遊び方をあなただけに伝授したい。次回、ポールの東京ドーム公演参戦時にでも使ってほしい「おのぼりさん必携!? 東京の歩き方」である。

◎10万円コース…「好きな歌は『ベイビー・ユーアー・ア・リッチマン』ざます」という上級者というか、富裕層ファン向けではあるが、一度は泊まってみたい「ザ・

キャピトルホテル東急」（旧東京ヒルトン、以下キャピ東）プランである。問答無用でビートルズご一行様気分が体感できる。

同ホテルは約10年前に建物自体はリニューアルしているが、レストラン「オリガミ」「星が岡」などは当時の店名で営業中だ。室内外も和モダン調を引き継いでおり、そこはかとなく往時の雰囲気は味わえる。ホテル内のあちこちにFab4の部屋にあった調度品や、2カ所に来日時の写真が飾られているのでオリエンテーションの一環として宝探しもいいだろう。

…と偉そうに語る筆者だが、コロナ禍中の全国旅行支援クーポンの恩恵を受け、念願の「聖地」に泊まった…1泊だけ。費用対効果の沙汰は宿泊者次第だが、なぜかここで一夜を過ごすだけでなんとなくビートルズに選ばれた気分になれるというか、来日マニアの端くれとしては一皮剥けた気分にはなれた（個人の感想です）。注：室料は2024年2月平日のもの

人生の勝者気取りでしばし悦に入る。すぐ重大な事実に気付くがライトアップされた議事堂、左側には武道館も臨めるナイスビュー。

＊ワンポイントアドバイス：チェックインの際、永田町側か赤坂側かを確認しよう。別にどっちでも問題はないのだが、R・ウィテカーさんや浅井慎平さんたちが撮った写真集のビートルズはなぜか日枝神社、赤坂サイドばかりなのだ。

浮足立つ筆者は就寝時になってはじめてそのことに気付いたが後の祭り。悄然と国会議事堂を睨みつけるのであった。

＊オプションプラン①：来日ごっこに金の糸目はつけないぜ！という猛者には、

プラス10万で部屋に銀座山形屋さんを呼び寄せ、ポールばりにスーツをオーダーしたい。ホームページで確認すると、現在も出張採寸のサービスはあるようだ。ポール仕様のライトグレーのスーツで羽田発の日航機で帰郷すれば完璧。CAさんにもモテる？はずだ。

＊オプションプラン②：というよりは、オプショナルツアーである。すでに右記案はとっくに体験済みという好事家へ、とっておきのプランは、彼らが東京の次に向かった「マニラ事件ごっこ」である。

この街には彼らが泊まった宿（ザ・マニラ・ホテル）と会場（リザール・スタジアム）が現存する。ホテルはプールもある五つ星でありながら、やや老朽化からか閑散期なら1泊2万円以下である。往復にLCCを使えば10万円で充分お釣りがくるはずだ。

さらなる求道者は、帰国便搭乗前に少々狼藉を働き、空港ポリスマンに小突かれればよい土産話になるだろう。注：銃社会です。くれぐれも自己責任で。

ザ・マニラ・ホテルのラウンジには各国VIPの来館記念の盾がギッシリ。我らがビートルズは……「お察しください」（受付嬢）とのことだった。

◎2万円コース：憧れの旧ヒルトンには泊まってみたいけれど財布が……というマス層ファン向きのコースであるが、実はこのコースが一番アガるのだ。

　というのも現在、キャピ東さんの赤坂側には「山王パークタワー」という高層ビルが立ち塞がっている。1966年当時は「山王ホテル」という低層建物だったため、現在、部屋によればビートルズが見たであろう赤坂は期待できないかもしれない。

　そこで代替案なのだが、近年キャピ東さんの隣に「アパホテル国会議事堂前」さんが開業。ここの10～14階辺りなら、随分背

アパホテル12階からの眺め。左隣のヒルトン10階から、ジョージとリンゴがここを撮っている。

の高くなったキャピ東さんよりも「ビートルズ目線」になれるし、何よりも宿代が平日1万円前後だ。できれば予約時に10階以上の日枝神社側（ジョージとリンゴがカメラに収めているショットが有名）を指定できれば完璧だ。

＊ワンポイントアドバイス：食事は「山王パークタワー」26階にあるダイニング「春秋」さんで決まりだ。山王ホテル跡地のここからなら、ビートルズが見た赤坂の街が一望できる。気になるお値段も一等地でありながら良心的。普通の飲食なら1万円も

ジョンが山王ホテル越しに見ていた赤坂を臨む。よく見ると古いビルが数軒現存していて嬉しくなる。(春秋より)

あれば足りそうだ。

ただし60年代当時の建物は9割方残っていない。双眼鏡と写真集を持参して在りし日の風景を探してみるのも一興だろう。

注:覗きかスナイパー扱いされないよう

＊無料コース:「好きな曲は『マネー』だぜ!」なんていうエコノミストにもビートルズは優しい。完全ノーコスト・ノーリスク・ハイリターンの歩き方を紹介しよう。
おのぼりさんなら一度は行きたい場所が、皇居である。ポールが脱走した皇居前広場、坂下門は歴史的建造物でもあること

から当時そのままに現存しているため、ポールファンには絶好のパワスポだ。

それと極めつけが日本武道館。ここも近年耐震工事を施したが、外観に大きな変更点はない。筆者は来日からちょうど50年後の２０１６年７月２日の夜、無人の武道館でしばしの時間を過ごしたのはちょっとした人生の記念だ。ヒマですね。

1966年7月2日からちょうど半世紀後の2016年7月2日の武道館。この夜は珍しくイベントもなく無人だった。

＊ワンポイントアドバイス：現役ビートルズ世代の方で更に気分を盛り上げたいチャレンジャーなら、母校のセーラー服や学帽、開襟シャツの小道具の着用もアリだろう。

注：ノーリスクの要素は外れます

ビートルズに選ばれた人 VOL．4

みんなで200枚のハガキを書いて5枚当選。
一番たくさん書いた僕が初日をゲット。
テレビで観た教頭先生が羨ましがっていたよ、
「観たヤツはいいことしたな」って。

東京都　小川武志さん（ライブハウスランタン店主）

東急井の頭線渋谷駅から一駅の神泉駅真向い。2023年2月下旬、そんな都会のオアシス的な音楽好きの集まる店、「ランタン」のマスターを訪ねた。

元はといえば、1月に『東京ビートルズ地図』（交通新聞社）を頼りにお店に突撃も、肝心の小川さんはミュージシャンでもあるため何やら若い人へギター片手にレッスン中だった。それでも一見さんの筆者を気遣い時折、声をかけてくださるお人柄……。

ここは無理をせず、一度広島へ帰陣して作戦を練り直そうと帰宅後、今回の取材の要件を一筆したため快諾いただいた。その時の手紙文を記す（次ページ）。

「ラバー・ソウル？ なんだこりゃあ？」の感じだったのが、次第に良さが解って今も飽きずに聴いている

川上　本日はライヴ前の貴重なお時間をいただきありがとうございます（当夜は小川さん率いるバンド、イマジンボイスの月イチライヴだ。取材後が楽しみだ）。早速ですが、ご覧になられたのは何日でしょうか？

小川　6月30日、初回です。東スタンドA席2階H列11番。ジョン側ですね。友人たちと200枚の往復はがきを書いて5枚当選。**で、一番たくさん書いた僕が初日を選びました。**

川上　200！ 当日、何か印象に残っている出来事はありますか？

拝啓
ランタン　小川さま

突然の手紙、失礼いたします。
先日、○日に初めてお店に寄らせていただいたものです。（広島から初めて来たとお伝えしたところ歓迎していただいた者です）当日はスタッフの○○さんからシールのお土産をたくさんいただいたり、胸がときめくようなショーン・レノンさんとの出会いのお話など楽しい時間をありがとうございました。小川さんもフルートのご指導中のお忙しい中、再々お気遣いいただき恐縮でした。あれから数日は脳内で課題曲「銀座カンカン娘」がリピートしていましたが。。

さて、実は切なるお願いがありまして、個人的なライフワークの一環としてビートルズを実際に観た人に直接お会いして当時の思い出やご記憶、現在のお気持ちなどをお伺いして記録を集めております。いくつか定型のアンケートを用意しており、小川さんにおかれましてはほとんどボランティアの形になることが申し訳ないのですが、時間にして約30分ほどいただけませんでしょうか。次回の上京は○月○日あたりを予定しておりますが、お忙しいようでしたらご指定の日時、場所にお伺いいたします。

イチゲン客の分際は承知しておりますが、物理的にもうビートルズのライヴを体験するには口承で追体験するしか方法がなく、厚かましいお願いをしている次第であります。もしご快諾いただけましたら下記までご一報いただけますと幸いです。（勿論ダメ元ですので、もし失礼に当たりましたらお読み捨てくださいませ。）
いよいよ冬本番、お風邪などお気をつけくださいませ。

草々

小川　オープニングの「ロック・アンド・ロール・ミュージック」に驚いたのを覚えてますね。

川上　1966年のツアーでは随分、通好みの選曲だったとの意見もありますが？

小川　全曲OKでした。好きな曲嫌いな曲とか一切ない。すべて肯定的に受け入れましたよ。

川上　小川さんレベルならではの境地ですね。公演中、何かご記憶に残っているシーンはありますか？

小川　申し訳ないけどもう覚えていない（笑）。ただ、同じ武道館の空間にいること自体が感激で夢見心地の30分だったことは覚えていますよ。

川上　当日の行動についてはいかがですか？　行きや帰りとか。

小川　もう無我夢中だったので、どうやって行って帰ったのか……。公演前と後はあまり眠れなかったと思います。

川上　当日、ライヴはしっかり聴こえましたか？

小川　はい。全部聴こえましたよ。

川上　何かグッズとかは購入されましたか？

小川　プログラムは買ったけど、もう失くしました。ですがチケットだけは残しています

（店内の一等地に展示中）。

川上　翌日の学校で起こったことなど、何かご記憶ですか？

小川　そりゃ、クラスのヒーローでしたよ（笑）

川上　翌日の7月1日の昼公演の録画放送をご覧になったと思いますが、78年に「再放送」と謳いながら初出の6月30日分を放映した番組はご覧になられましたか？

小川　え⁉ あれは、僕が観た30日とは知らなかったな。そうなんだ…。ただね、**7月1日夜のテレビを観た教頭先生が、「いい音楽じゃないか。ビートルズを観たヤツはいいことしたな」**と言ってくれたのはよく覚えていますね。

川上　大人全員が批判的というわけではなかったという重要な証言ですね。では当選した残りの友人たちも、お咎めなく無事にビートルズを拝めたということですか？

小川　全員無事でした（笑）

川上　現在も音楽活動中の小川さんですが、今一番お好きな曲やアルバムはありますか？

小川　決められない！ 初期、中期、後期、それぞれに毎回新たな発見があります。これからもそうだろうね。第一、僕は最初に新譜で『ラバー・ソウル』や『リボルバー』を聴いたときには理解できなかったんですよ。『なんだこりゃあ？』みたいな感じでしたが、だんだんと良さが解って今でも飽きずに聴いている。その時、その年代で聴こえ方も違うのでしょうね。

川上　〃ビートルズ意識高い系〃の人、特有のトークですね。それでは最後の質問ですが、もし1966年の6月30日に武道館に居なかったら今のご自分はありますか？

小川　ないない。全然違う人生になったと思います。第一、プロを目指していないでしょう。残念ながらプロにはなれなかったけれど、今も一流のミュージシャンやいいお客さんに囲まれて自分が演奏できる場所「ランタン」があって充分ハッピーですから。

川上　それをビートルズが聞いたら喜ぶでしょうね。僕も今夜のライヴが楽しみです。

〔取材を終えて〕

毎月最終の金曜日は、ライブハウス ランタンの「ハウスバンド」イマジンボイスの定例ビートルズナイトとのことで、取材をこの日にお願いして正解だった。

開演前から常連さんや一見客で店内はほぼ満員。途中一度休憩をはさみ、各人思い思いにドリンクやフードも楽しんでいるうちにいつしか全席が埋まり、ゲスト出演やお約束のオヤジギャグも炸裂。クライマックスは恒例の？ダンス天国と化し大団円を迎えた。

結成ン十年と思われるイマジンボイスの演奏は、お世辞抜きで巧い。あくまでも個人的なモノサシで、コピーバンドの巧拙は3声コーラス曲で決まると思っているのだが、もちろん「ひとりぼっちのあいつ」も「こいつ」も手慣れた様子で熱演。圧巻だったのは、サイケ期の分厚いアレンジの高難度曲までも披露されたこと。この日は若い人も多く、常連と思われる年配客に負けず、ビートルズナンバーに体を揺らしている姿が印象的だった。

そんな繁盛店の原動力は、おそらく小川さんのビートルズへのリスペクトであろう。どの曲、アルバムにも優劣をつけず（つけられない）に評価する姿勢がプレイに滲み、弾かれる音が店内にこだまして最後は皆が踊らされている。昨今、上手なコピーバンドは珍しくないが、小川さんの人柄が隠し味となっているのは間違いない。

蛇足ながら、小川さんのギターを持つ姿勢が実に美しい。華奢な体躯でテレキャスターを飄々《ひょうひょう》と操る様はポリスのアンディ・サマーズを髣髴《ほうふつ》とさせるので、その立ち姿だけでも観る価値大だ。

ビートルズのステージはあまりご記憶でないとのことだが、ビートルズを武道館で観たことに触発され、「プロになりたかった」そうだ。しかし、彼のそのライヴには東京の一等地で入場料を払ってまで多くのファンが集まり、クライマックスでは「乱痴気騒ぎのダンスパーティー」に変貌して毎回大盛り上がりだそう。そんな老舗ライブハウスを活き活きと切り盛りされている事実はどこからみても「プロフェッショナル」だ。

（２０２３年２月・渋谷区にて）

ライブハウス ランタンにて、小川武志さん(左)と筆者

熱演中の「イマジンボイス」

■ライブハウス ランタン

〒150-0044
東京都渋谷区円山町 18-2 藤田ハイツ B1

ビートルズに選ばれた人 VOL．5

「ひとりぼっちのあいつ」と「イエスタデイ」は
しっかりと覚えています。
それに巧かったですもの。
バンドやっていましたからそれだけは事実です。

岡山県　畝田泰然さん（僧侶）

（2023年4月 筆者撮影）

個人的にこの活動を始めてよかったと思えるのは、これまでご縁があるとは思えなかった人たちとの邂逅《かいこう》である。数人とはいえ、著名人にも直接お会いして話を伺える機会を得るのは、さすがはサーフィンからアバンギャルドまで　ロッキン　アンド　ローリンビートルズのパワーである。

そんなご威光のお陰か、私の生来の厚かましさか、勝手ながらご懇意にさせていただいている、誰もが知るこの道の巨匠からご紹介いただいたのが今回の畝田さんである。

言うまでもなく、ビートルズの来日公演は東京のみでの開催であることから当然、来場者は関東在住の人がほとんどであったことは想像できる。現在のようなＬＣＣや夜行バスなど望むべくもない半世紀以上も前の若者が、交通費や宿泊代を捻出して地方から大挙したなどという話も聞かないわけだ。

そんな地理的ハンデを負った西日本の目撃者は、兵庫の岡本館長以来お二人目。しかも筆者が暮らす広島の隣県岡山に選ばれた人がいた——というわけで、足取りも軽く早速新幹線に飛び乗り岡山へと向かった。

映画館で『ビートルズがやって来るヤア！ヤア！ヤア！』を観た。凄まじい騒ぎでした

川上　おいくつの時にご覧になられたのですか？

畝田　県立の玉島高校を出た年ですから、19歳になったころですね。

川上　ビートルズとの出会いはいつ頃ですか？

畝田　よく覚えてないですが、中学の3年頃ですかね。

川上　逆算して1966年に高校を出られたということは、割と早くからご存知だったのですね。どの曲がきっかけだったんでしょうか？

畝田　どの曲だったでしょうかね？　…「抱きしめたい」だったか、その前の何かだったような。「マイ・ボニー」とかも早めに知ってはいましたが。

川上　当然、映画などもご覧になられていたと？

畝田　はい。今はなくなりましたが、岡山グランド劇場という**映画館で『ビートルズがやって来るヤア！ヤア！ヤア！』と『ヘルプ！』を観ました。そりゃあもう、凄まじい騒ぎでした。**映画館でみんな座っていない。スクリーンの方へ集まってきて相当に賑やかでしたよ。

川上 現代では想像できない熱さですね。男女比はいかほどだったのでしょうか？
畝田 7対3くらいで女の子が多かったです。
川上 貴重な地方館での証言ですね。高校を卒業されて東京で就職をされたのですか？
畝田 はい。漫画家を目指して東京で永島慎二さんに師事しようと思ったのですが、結局挫折。でも、後年お会いすることができました。「先生」とお声がけしたところ、「泰然さん。先生はやめてください。ダンさん（永島氏の愛称）でいいヨ！」って言ってくれましてね、友人として認められたひとコマでしたね。
川上 漫画界の永島さんといえば、あの『柔道一直線』の!? 有名な方ですよね。
畝田 はい。梶原一騎さんとのコンビによるヒット作ですね。他に『漫画家残酷物語』や『フーテン』なんかでも知られています。手塚治虫さんとも繋がりがあって、虫プロに入られたんです。『ジャングル大帝』の頃です。
川上 え！ 先日取材させていただいた川原さんという方も虫プロにおられたそうなんです。ビートルズが取り持つ縁とはいえ、類は友を呼ぶというか、奇遇です。
ところで岡山から3月に上京して6月にはチケットを入手されるなんて随分手際がいいですね。どうやって入手されたんでしょうか？
畝田 当時、銀座辺りに読売新聞社がありましてね。あそこで買った記憶があります。ハガキを書いて**応募して一度は落ちたんですが、後からキャンセルが出たかなんかで再びハガキが届いた**んですよ。ラッキーでした。

曲順まで覚えていませんが、聴こえていたと思いますよ。巧かったですもん！

川上　へー！　もう少し聞かせてください。ハガキはたくさん出されたのですか？

畝田　1枚か2枚のものですよ。

川上　何十枚書いても落ちた人もいれば、まさに「ビートルズ人生いろいろ」ですね。何回目をご覧になられたのでしょうか？

畝田　それがね、あまり覚えていないんですよ。一時ビートルズから離れていた時期があって、記念の半券とプログラムは随分前に大阪の女性に差し上げてしまいました。今にして思えば、きっと中日（なかび）の7月1日だったかな。

川上　気前がいいですね。その方はだいぶ得をされたと思います。では、ステージではどんな衣装だったかご記憶ではないですか？

畝田　白と黒だったかな…。白っぽかったのは確かですね。

川上　それなら5回のうちの2回目（追加公演）だと思います。昼か夜か覚えておられますか？

畝田　はっきりとは思い出せないけど、当時は朝早い仕事だったから昼だったのかなぁ。

川上　7月1日の夜にその日のマチネ公演の録画放送がありましたが、ご覧になられましたか？

畝田　たぶん観ていませんが、外が明るかった印象はあります。

川上　それなら、衣装と追加公演のご記憶もあるようですから7月1日の昼だった可能性が高いですね。

畝田　わざわざおいでいただいたのにすみません。

川上　とんでもないです！　覚えてないのが普通ですし、すでに貴重なお話を充分伺っています。それより、先ほどのチケット再当選のお話をもう少し聞かせてほしいのですが、どの日でも選べたのですか？

畝田　はい。選んで行ったつもりですので。

川上　畝田さんが選んだつもりが、実はビートルズに選ばれています。羨ましいです。お席はどのあたりでしたか？　正面だったか、ジョンとポールどちらがよく見えたとか？

畝田　さて、どっちだったかな。ただそんなに遠くなかったですよ。ステージの位置が高いなって思いましたので、前の方のいい席だったと思います。

川上　羨ましいです…。些末な質問で恐縮ですが、当日はどうやって武道館まで行かれましたか？

畝田　当時住んでいた高円寺から、中央線で水道橋か飯田橋で降りて歩いたのかな…。あ、当時は中野から奥は高架ではありませんでしたし周辺は田畑もありました。

川上　隔世の感がします。あれからずいぶん時間が経ったということですね。ライヴでは、ビートルズの音はしっかり聴こえましたか？

畝田　**「ひとりぼっちのあいつ」と「イエスタデイ」は好きだったからしっかりと覚えています。**

川上　ありがとうございます。聴こえていた証ですね。全曲聴こえましたか？

畝田　曲順までは覚えていませんが、聴こえたと思いますよ。**それに巧かった**ですもん！それまでの前座とは出す音が違いました。僕もバンドをやっていましたからそれだけは確かです。

川上　いま、鳥肌が立つ思いでお聞きしています。本当にありがとうございます。武道館の印象はいかがでしたか。でかいなー！とか中で何か買って食べたとかなんでもいいのですが。

畝田　特に大きいな、とかは感じませんでしたね。中では何も食べていません。

川上　緊張と興奮で喉も通らない感じですか？
畝田　ははは、そりゃあないですよ（笑）

見慣れたリッケンバッカーとグレッチじゃない…
二人とも同じギターでびっくりでした

川上　こうしてお会いしてお話を伺っていると、畝田さんはもう社会人でしたし当時の同世代よりは大人びた若者だったのでしょうね。言葉が適当ではないかもですが、ちょっと不良っぽいというか…。
畝田　実はワルでした！（爆笑）高校1年のときにはもう髪のことで担任と揉めてましたから。今にして思えば大して長くもないのですが（笑）。それに就いた仕事は歩合制で、相当収入もありましたし。
川上　職場でなにかお話しになられましたか？
畝田　そんな仲間はいなかったです。
川上　わかります。当時ファンはクラスでせいぜい3～4人。そんなに世の中の若者全員が熱狂していたわけではなかったらしいですね。それではお一人で感動をかみしめていたと？

畝田　ええ。その後に神田辺りでテスコのギターを買って、同じ住み込みで働いていた男とバンドを組みました。もっともベンチャーズが中心でしたがね（笑）。横浜にもビートルズブーツを買いに行ったりしましたよ。

川上　時代感あふれるお話です。武道館で、ジョンとジョージのギターについては何かお感じになられましたか？

畝田　あ、すぐにいつものリッケンバッカーとグレッチじゃないな…って思いましたよ。二人とも同じギターでびっくりしました。

川上　好意的にとらえましたか？

畝田　正直言うとがっかりしました。あれ？ 持ってきていないのかな？ って。

川上　何度も見て慣れ親しんだ写真とは違うから。ファンであればあるほど違和感があったのでしょうね。なんとなく失望感が伝わります。

畝田　ただ、背は高いなぁって思いました。

川上　いろいろお話を伺っていると、畝田さんはベンチャーズをはじめ、ＥＬＯ、ステイタス・クォー、ロリー・ギャラガーなどもお好きとのことで、相当なロック通だと感じさせられます。これまでビートルズを超える音楽やミュージシャンに出会えましたか？

畝田　ないです。**他のバンドはビートルズの亜流です。プログレなどビートルズの一部分**

を進化させたことはあったでしょうが、超えられないはずです。脱線するかも知れませんが、日本のマンガ界でいえば手塚治虫を超えられないということと同じだと思います。

川上　ちなみに手塚さんもビートルズをご覧になっていますね。脱線ついでに、永島慎二さんもビートルズはお好きだったのでしょうか？

畝田　あの人はボブ・ディラン派でしたね。ああ、そういえばジョンの「マザー」の歌詞を扱った作品を残しておられますから満更関心がなかったことはないと思います。（余談だが、氏によれば名盤『ジョンの魂』のジャケットにディランの顔が映り込んでいるそうだ。タテにヨコに斜めにと、何回見ても判らなかったが、種明かししてもらった以降はもはやディランにしか見えない不可思議！　お暇な方はぜひトライしてみて！）

『ラバー・ソウル』を聴いて、ただのロックンロール・バンドを辞めたな…なんて感じた

川上　ファンなら興味深い作品ですね。もう一つ、恐る恐るお伺いするのですが、畝田さんのお好きな曲ってありますか？

畝田　（しばし沈黙して考え）ジョン・レノンの作品はほとんど好きですね。

川上　あえて一曲挙げるとすると？

畝田　その時その時で違うんですよ。

川上　皆さん、この質問をしたときには同様の反応をされますね。実は僕も同じなのですが、では聴いた回数ではいかがでしょう？

畝田　そうですねえ。まあ初期の曲はだいたい好きなんですが……（沈黙）、「ストロベリー・フィールズ・フォーエバー」でしょうか。

川上　なるほどですね。反論の余地もありません。あの曲はデビュー曲以外では唯一、全英1位になっていないのも面白いです。カップリングの「ペニー・レイン」も手の込んだ大傑作ですから個人的にはある意味、最もお買い得なシングルだと思っています。

畝田　あの当時、世間はこの曲は理解し難かったのでしょうね。手が届かないような世界観で。

川上　来日後しばらくしてリリースされた『リボルバー』は、すぐに聴かれましたか？

畝田　もちろんすぐに買いました。

川上　お聴きになってすぐに理解されましたか？

畝田　はい。もう前作の**『ラバー・ソウル』でその方向性を感じていましたから。ああ、ただのロックンロール・バンドを辞めたな…なんて感じていました。**

川上　なるほど。慧眼（耳？）に恐れ入ります。フェイバリット・アルバムではやはり、『ラバー・ソウル』ですか？

畝田　はい。リアルタイムで「ドライヴ・マイ・カー」「ノルウェーの森」を聴いて、すぐに傾向が変わったことに気付きましたからね。大好きです。でも一番好きなのは『リボルバー』です。あの頃は新譜が楽しみで、次は何が始まるのだろうってワクワクでしたね。

川上　当時から相当耳が肥えていた証ですね。なるほど。だから「ストロベリー――」もガツンときたわけですね。今の若いファンの感覚に近いです。

畝田　あの歌はショックでしたね。その後の『サージェント・ペパーズ・ロンリー・ハーツ・クラブ・バンド』もね。

川上　それでは質問も佳境ですが、畝田さんがあの日、武道館にいなかったとしたら今のご自分はまた違った人生だったと思いますか？

畝田　どうでしょうかね？　でも、それはないと思いますよ。同級生からは「お前が坊主になったのはビートルズを観た影響だろう？」なんて言われますが、**自分では来日する前のビートルズが自分を作ったと思っているんです。66年に来たときは、思想的にはすでに思いっ切り影響されていましたから。**

川上　実に聞きごたえのあるお話でした。今日はどうもありがとうございました。

時折ビートルズナンバーのもてなしを受ける。壁の絵は師匠の永島さん作とのこと。その道でも取材対象になりうる方だろう。

〔取材を終えて〕

隣県の岡山は何度も来ているのだが、畝田さんのお住まいのある北区は初めてだった。お迎えいただいた岡山駅からの移動中、カーステからリトル・リチャードがなかなかの音量で鳴る中、簡単な自己紹介となり、おもむろに洒落たハンチングをとられ「僧侶をしとります」とのこと。

車は軽快に市街を抜け、周囲は山に囲まれたのどかな農村地帯をひた走る。30分ほどで広い敷地に土蔵のある純和風のご自宅にお招きいただいた。

畝田さんは柔和な人だ。ご年配のお坊さんだが説教臭さや抹香臭さなど微塵もない。ときおり紫煙を燻らせながら、事もなげな語り口で次々にマンガ、ロック、スポーツカー、銀座での飲み歩きなどなどの半生を伺っているうちに、相当な「やんちゃ坊主」（失礼！）ぶりが伝わってくる。自ら「反逆児でした」とおっしゃり、ジョンにも影響を受けたというエピソードは、人生を折り返してから出家されたというヒストリーにも無関係ではあるまい（ご本人は否定されているが）。

残念ながら、公演自体はあまりご記憶でないとのことだった。それでも今回収穫だったのは、最初の抽選後、2回の追加公演分に割り当てられた約12000枚について、落選者の中から「敗者復活」でチケットを得た話が聞けたこと。しかも席が任意で買え、意外にも前方の良席があったことが分かったのは有難かった。

想像するに、銀座の（読売）新聞社で購入とのご記憶を勘案すれば、3度目の「返品分からの最終抽選」に選ばれたようにも思える。いずれにせよ当時のアナログな販売、発券方式だとどうしても短期間に数万枚をさばくのは難しかったことが偲ばれる。

やはり空前絶後と思われていた争奪戦も、〝売り損ない分〟があるところにはあったのだ。そのあたりの諸事情は『ビートルズ・レポート』（WAVE出版）や『ビートルズと日本』（シンコーミュージック）に詳しい。

ただ、しかしである。自分のこととして置き換えてみると、一度は諦めたビートルズの厚手のチケットが眼前で自由に選択できるという多幸感。ビートルズに選ばれ、きっと「神」＝GODの存在を確信したことだろう。（畝田さんの場合は仏様か⁉）

取材当日は瞬く間に時が過ぎ、無用の長居に気づいた頃、帰りがけにギターを見せていただいた。古いヤマハのセミアコだが重厚なケースを含め、当時の国産品の持つ手抜きのない品質が無言で訴えてくる。畝田さん曰く、「楽器はええもん使わなイカンです」。

駅までの道中、「タワー・コーヒー」という表参道にでもありそうなスーパークールなカフェに立ち寄っていただいた。店内ではびっくりするような高級家具も扱っている。

岡山駅までの車中のBGMは、ジェリー・リー・ルイスにロリー・ギャラガーだ。畝田さんの穏やかな眼差しに潜む、本物を見抜く審美眼。それは荒行に克ち、来日のとっくの前に「ビートルズに選ばれていた」ことの証左である。


（2023年3月・岡山市にて）

コラム――❸

「バック・ビートの源流」を訪ねて

川上弘達

コロナ禍を経た2023年の春、4年ぶりに再演されたミュージカル『バック・ビート』を観て、久しぶりの海外はリバプールに行くことに決めた。

確か初回の'95年は日帰り、2回目の'99年に一泊して以来だ。今回もお約束の「聖地」マシュー・ストリートを楽しんだのだが、4半世紀ぶりの聖地はすっかり俗っぽい観光地と化していた。ケバブ屋の匂い、くだらない土産屋に便乗商法丸出しのバーから流れる爆音は、ビートルズらが闊歩していた頃よりはさぞかし賑やかになったことだろう。

今回は2泊ということもあり、初日はプレミアリーグ降格圏に喘ぐ古豪、エバートン（ポールはここのサポらしい）の試合と、2晩目は「キャヴァーン・クラブ」でご当地自慢のトリビュート・バンドの演奏を楽しんだ。

マシュー・ストリートに佇むジョン。キャヴァーンの目玉バンド「キャヴァーン・クラブ・ビートルズ」は毎週末出演。要予約。

演奏は当然として、ネイティブ発音によるコーラスはやはり一聴の価値はあり、素直にそのパフォーマンスに感激した。

なかでもジョン役の形態模写は堂に入り、時折、動画で知るジョンのおどけた動作やM

Cの完コピぶりには、不覚にも本物を観たような錯覚に陥り涙腺が緩む。その名も「キャヴァーン・クラブ・ビートルズ」。連夜、世界中の厳しい?ファンの耳目と期待に応える彼らの看板に偽りなしだ。

頭上の写真に注目。ちょうどジョンの指定席をゲット。行脚には「ビートルズはここで生まれた」(CCCメディア)は必携の書だ。(パブ・グレイプスにて)

マシュー・ストリートには彼らが羽を休めた伝説のパブ「グレイプス」も健在、メンバーお気に入りの長椅子でのタイムトリップは一生の記念になるはずだ。

今回の収穫は、「カスバ・クラブ」で間違いない。ビートルズのデビュー直前にドラマーをクビになったピート・ベストの家族が、現在は電話予約制で切り盛りしている伝説の地だ。

意外なことに当時の英国のクラブはアルコールを置いていない(置けない?)。コーラやコーヒーを前面に。

当然、下手な英語で予約を申し出るも、生憎その日は改装工事とのこと。が、せめて外観だけでも、そこはダメ元のビートルズ精神?でウーバーを駆り当地へ辿り着いた。

しばらく門でうろうろしていると、作業中の兄ちゃんが手招いてくれ、首尾よく裏庭から半地下のステージなどを拝ませていただく。意図的かどうかは分からないが、ステージ周りは埃にまみれ、往時のまま荒れ放題なのが却ってリアリティが増す。

残念ながらメンバーが塗ったというペンキは拝むことができなかったが、通常営業日であればピートのサイン（！）やCDなどの土産も購入可能のようだ。電話予約は少々面倒だが、観光バスではルートに含まれておらず、大ファンを自負するなら行って損ないスポットである。

蛇足ながら、ハンブルクこそ『バック・ビート』の舞台である。ジョンの「ビートルズはハンブルクで育った」の発言もあることから、ライヴバンドとしての彼らを探るのなら必見の街だ。

有名スポットは歓楽街レーパーバーン地区に集中しており、徒歩で回れる。「ス

2015年ごろのカイザーケラー。中は意外とデカく、小ぶりなクアトロみたいな箱だった（当日はコスプレ大会だった…）。

ター・クラブ」は跡地だが「カイザーケラー」、「インドラ・クラブ」は現存。伝説のタコ部屋「バンビ・キノ」も見つけることができるだろう。

ビートルズ巡礼で訪英の際はルフトハンザ航空を選び、フランクフルトで途中降機すれば1回の旅行で制覇可能だ（フランクフルトからは電車で約2時間）。

ビートルズに選ばれた人 VOL．6

双眼鏡から見るジョンとポールは唾が飛ぶほどの大熱演でした。手を抜いただなんて絶対ない。こうして話していると いまだにシビレてきます。

広島県　山本唯夫さん（エッタジャズカフェ経営）

どこから話せばいいのだろうか。ついに私の本拠地・広島県の目撃者に巡りあった。……というか、山本さんを初めて知ったのは、この取材を始めてまだ間もない2022年の晩秋だった。あらためて本企画は、60年近くも前の東京でビートルズの生ステージを目撃したという出来事を、取材対談形式で記録していく極めてアナログな手法による。広島の片田舎でいくら力んでみても、なかなか対象者が見つからなくて当然といえた。ステージの〝目撃者〟探しに難航していたさなか――。

それが、何かの縁というか運命というか、導かれる力というか。まったくの別件で訪れていた広島・江田島の、不意に入ったカフェでこのマスターを知ることとなった。以下、こんなやりとりだったと記憶している。

川上　こんにちは。営業中ですか？（人里離れた店の看板は手書きで、いかにも手造り感のある、どちらかというと一見客には入りにくい部類の構えである）

山本　外の席でよかったらどうぞ。でも、今日は寒くないですか？

川上　（当時はコロナが何度目かのピークを迎えており、薄着の私はどちらかといえば心身ともに「温もり」を求めていたこともあり、とっさに）それでは今、風邪をひきたくないので近いうちに暖かい日を選んでまた来ますよ。

山本　どうぞどうぞ。またゆっくりきてください。

川上　なんだか冷やかしですみませんでした。ところで店名がエッタ ジャズカフェだなんて、音楽好きにはそそられますね。マスターはエッタ・ジェイムズか誰かのファンなんですか？

山本　エッタは「江田島」にもかけているんですが、エッタ・ジョーンズが好きなんです（どちらも素晴らしい女性ヴォーカリストだ）。お客さん詳しいですね。音楽が好きなんですか？

川上　はい。でも偏っていて、中でもビートルズは研究するぐらい大好きで。実は今、ビートルズ武道館公演のことを調べているのですが、なかなか進まなくて。

山本　おやおや!? **ワシ、武道館は4回観とるよ。**

川上　え〜っ！ マジっすか!!（まさに灯台下暗し。大海の一滴をつかみ、神の存在を感じた瞬間だった。今にして思えば一も二もなくコーヒーでも注文し、早速インタビューを申し込むべきだったが秋の夕日のつるべ落とし、陽は傾き、せっかくの大チャンス到来もここは無理をせず、準備を整えてから取材を申し込むべきという生来の生真面目さが頭をもたげ…）

マスター、年内に絶対来ますから、そのお話ぜひ聞かせてくださいませんか！

山本　もちろん。いつでもどうぞどうぞ。

そんなマジカルミステリーな、現代科学では解明できない魔訶不思議な引力で巡りあった山本さんだったが、厄介なことにこの種の方に多いのだが、全く商売っ気がないのである。親切心からとはいえ、飲食業受難の時代の新規客に「寒いから」と出直しを促すような方だ。確か、約束通り12月に入り、一度お伺いしたところ〝臨時休業〟とのこと。詳しいお店の紹介は後述するとして、雨、風の日は鬼門であることをのちのち理解することになるのであるが――。

程なく世間は気温の低下に合わせるかのようにコロナ患者が溢れ、初雪の便りも聞かれるようになると、カフェのホームページにはそれを理由とした閉店が続いた。

そしてとどめは、「寒いので2月いっぱいはお休みとさせていただきます」という、無情にも何ともやるせない告知。筆者の勝手とはいえ水温む春を待ち、それなりに雌伏の時を経て、ＧＷの開店を確認。ようやくこの日の取材を迎えたということだ。

当日は春爛漫の屋外テラス席。うぐいすやひばりのさえずるＢＧＭと瀬戸内の絶景を背景に、看板メニューのスペアリブをいただいたあと、取材を始めた。

主催会社でチケット20枚をゲット。自分の分を除けば、ほとんど大学の同級生や友人にあげました

川上　山本さんの特筆すべき点は、日本公演5回のうち4回にわたってご覧になられたとか⁉　観た回を特定できますか？

山本　**初回から4回続けて観ました。**観ていないのは最後の5回目だけです。各メンバーの近くで1回ずつ観たんですよ。だから4回です。確か初回はジョンの前で観ました。前から2～3列目でした。

川上　アリーナ席の設定はなくて1階と2階席でしたが、1階の前の方ということですか？（武道館は実質2階席が1階表記である。ややこしいが2階席の後方部が3階扱いだ）

山本　そう、最初アリーナに人がいなくて驚きましたよ。どの回も1階の前の方で観ました。

川上　しかし、どうやって4枚ものチケットを入手されたんですか？

山本　直前にあった**ニュー・クリスティ・ミンストレルズ（以下、NCM）の公演が売れていないので、「（NCMのチケットを）協力して買ってくれるなら、ビートルズの券を何枚でも売ってあげるよ」という情報を得たのです。そこで直接、主催会社に出向いて20枚**

山本さん。バルコニー席からのオーシャンビューは絶景。日本三景の宮島も見える。

購入しました。

川上　20枚！　ということは、入手直後は5回分全て所持されていたということですか？

山本　ええ。だから自分の分を除けば、ほとんど大学の同級生や友人にあげましたね。ただ、自分の観た4回のうち1枚は読売新聞の抽選に当たったものをすでに持っていたんですよ。

川上　へぇ！　だいぶハガキを書かれましたか？

山本　いえいえ、1枚か2枚くらいのものですよ。

川上　まさにビートルズに選

ばれまくっていますね。当選分をゲットされて気持ちに余裕がある状態で、さらにビッグチャンスをモノにされたということでしょうか。では正規の？　当選分はどの回だったのでしょうか。

山本　そこまでは覚えていないです。なにせ20枚を得た方の記憶が強いですからね。僕は何でも足を運び、この目で確かめたい性分なので満足感が勝りました。

川上　まるで自分のことのようにうれしいです。現在その半券とかお持ちではないですか？

山本　しばらく広島市内の実家の倉庫にあったのですが、整理したときに一緒に失くしたみたいです。一枚は赤いロゴの券があったような…。

川上　発行枚数の少ない「赤券（B席）」ですね。さらに貴重です。死角の多い北東、北西ブロックとかリンゴの後方でご覧になった回の券だったのかもしれません。もうひとつ下世話な話で恐縮ですが、上京したての大学生がどうやって資金を捻出したのですか？　売って回収されたりしたのでしょうか？

山本　当時、僕は高田馬場の学生マンションに住んでいましてね、仕送りも月に2万円くらいはもらっていましたから、余裕というか何とかなったのでしょう。残りの分は、ほとんど差し上げました。周りも早稲田や慶応大学の裕福な学生が多くてね、芸能人と付き合っているような者もいたりして、その彼にも譲りました。

川上　実に昭和の東京らしいお話ですね。何かと羨ましい。皆さん山本さんには感謝しないと。

山本　今にして思えばよくぞ20枚も売ってくれたものですよね。プロモーターさんも当初は売り切る自信がなかったのでしょう。

川上　まあ、当時の主催側の人員構成を考えれば、戦争に行って帰ってこられたような世代の方もおられたでしょうからね。まだビートルズの実像というか市場的な価値が理解できなかったということもあるでしょうか。協同企画の故永島社長自身が最初は及び腰だったとの説もあります。加えて不人気の外タレ（ＮＣＭ）を引っ張ってきた焦りもあり、社内の雰囲気として早く売りさばきたかったのかもしれません。今ならネットで即完売後、即オークションで高騰し社会問題化していることでしょう。

山本　そう。僕は昭和23年生まれなのですが、20年生まれの人ですらもう話が合いませんからね。ましてや当時の大人からしたら、「ビートルズ？　何それ？　髪長い？　クレージーだよね！」といった感覚だったのでしょう。せいぜい解っている人でもエルヴィスまで、みたいなね。

ジョンとポールは凄いパワー。マイクにツバが飛びまくっていました

川上 4回ご覧になられており、ご記憶が混ざっておられるかもしれませんが、公演中メンバーの所作で何か印象的な動きはありましたか？

山本 やはり初回（6月30日夜）にポールのマイクが不調だったことですかね。彼が動くマイクに苦戦しながら顔を動かして歌っていたシーンとか覚えています。だいぶ前の方で観たのですが、双眼鏡も持っていったのでよくわかりました。

また、ジョンとジョージが同じエピフォンだったのも鮮烈でした。映画とかで観ていたリッケンバッカーと違ったので驚きましたね。

川上 初回公演はマイクの不調や、巷間言われているような演奏自体もあまり本調子でなかったという意見もありますが、その他の公演ではいかがでしょう。

山本 それが、4回ともほぼ同じ構成なのですよ。**曲順、MC、ポールの最後のMCで腕時計をチラっと見る動作、ほとんど同じだったような気がします。**ジョンの横のキーボードも結局一度も触りませんでした。

あ、そういえば**後半の回ではアンプをヨコに置いていましたね。**それと**手を抜いていた**

とかは絶対ないです。どの回も物凄い気迫でした。コーラスワークもそりゃ巧かった。比べちゃ悪いけど前座とは雲泥の差でした。

川上　伺ってよかった。はやくも鳥肌たちます。アンプは2日目からより高出力のものに変更したらしいですが、タテヨコ説は初めて伺いました。動画、音声データの存在しない3回目以降の情報は特にありがたいです。

山本　「ベイビーズ・イン・ブラック」でジョンとポールが間奏部分で合わせて踊りながら演奏したことがカッコイイなーなんて思いましたよ。それとオープニングの「ロック・アンド・ロール・ミュージック」のイントロのギターには痺れましたね。それまでレコードでしか聴いたことがなく、今のように動画など望むべくもない時代でしたから。

とにかく**ジョンは凄いパワーなんですよ。ポールもですが、マイクにツバが飛びまくっていた**ことは鮮明に覚えています。そうそう、後年、動画で見る以上に**髪がふわふわでしてね。ウェーブがかって綺麗でした。**特にリンゴの斜め後方で観た回は印象的です。ジョージはね、「アイム・ダウン」を演奏するときはほとんど後ろのリンゴを見ながら弾いていたのを覚えています。『誰か他の人が後ろで弾いているのかな』『わざと運指を隠しているのかな』なんて思いましたね。

川上　そういうお話が聞きたかった。聞いてるだけで涙腺壊れそうです。ふわふわの髪はカッコよかったですか？

山本　ええ、そりゃもう！　僕も直ぐに伸ばしましたよ、坊主頭が美徳の時代に（笑）。それとリンゴのドラミングが良かった。あの**『ダー・ダー・ダー！』とバスドラが飛んでいくんじゃないかと思うくらいの迫力**は忘れられません。

川上　ということは、山本さんにはしっかり演奏が聴こえていたという証ですね。披露された11曲のなかで特に印象的だった曲はありますか？

山本　いちばん驚いたのは、リリースしたばかりの「ペイパーバック・ライター」を演ってくれたこと。あの歌はイントロがないでしょ。だから大感激でした。それと「イエスタデイ」。半音ずらしてやってることが分かりました。ジョンのストロークを聴いた瞬間は忘れられません。何よりあのアコースティックな曲をロックバンド編成で演ったことにびっくりしたんです。それとね、曲間がほとんどないこと。ながながとしゃべったりせず直ぐ次の曲に移ることです。曲同士のキーの繋がりも意識しているのか進行も滑らかなんです。

川上　後年、日本テレビ特番で観た私も同様の感想です。「イエスタデイ」はレコードバージョンとはまた違った趣がありますよね。

特に好きな曲や四人の中で推しのメンバーはいますか？

山本　うーん。やはりジョンですかね。バンドでベースをやっていましたからその意味ではポールも好きでしたが。あ、それとね、**ステージ上のジョンとポールは物凄く頭が良いように映りました。**キレるなぁ〜って感じ。

　曲はね、どれもいいですから優劣はつけられません。例えば「ガール」なんかの『ツツ　ツ…』（tit tit tit...）なんていうコーラスのアイデアには度肝を抜かれましたね。アルバムでは日本のデビュー盤の『ビートルズ！』かな。

川上　まあ、元来あの二人のグループですからね。でもアタマの中身についての言及は山本さんが初めてです。よほど印象的だったのでしょう。

　東芝音工の『ビートルズ！』は第一世代には根強い人気盤ですね。それにしてもツバやふわふわヘアーの件も然りですが、それだけ至近距離で目撃したという証左と感じます。ということは、山本さんが協同企画で購入したときには任意で席を選べる権利があったということですか？

山本　そうですよ。だから自分は**座席表を見ながら4人のメンバー全員の近い席を選んだ**のです。

川上　山本さんのお席周辺はどんな状況でしたか？　警官から何か注意されたとか？

山本　確かに警官は多かったですが、特に会話はしていないですね。一人で行きましたし。

川上　そうなんですよね。ビートルズの日本公演に限っては、家族や友達と連席というケースはあまり聞きません。バラバラが基本のような気がします。芸能人、有名人が近くに居たとかはいかがでしたか？

山本　どの回だったたか、中尾ミエさんを見かけましたね。そりゃあペッピンさんでしたよ（笑）。定かではありませんが、スリーファンキーズのメンバーさんと楽しそうに会話されていたような記憶があります。

ジョンが死んだことを聞いたときには「俺の人生も終わった」と思いました

川上　当時の広島では、なかなかお目にかかれないご美貌だったことでしょう。生々しいです。では、武道館への往復についてはいかがですか？

山本　高田馬場でしたから、東西線1本だったと思いますね。寄り道はしていないです。

川上　7月1日、21時からの録画放送はご覧になられましたか？　高田馬場なら急いで帰れば、昼に見た2回目公演が再び見られたと思うのですが。

山本　あ、そうなの？　知らなかった。だから見てないですよ。それに当時はテレビを持っていなかった。

川上　その目で実際に見ているわけですからね。きっと帰路は凄まじい満足感に包まれていたことでしょうね。75歳になられた現在もこうしてカフェを経営しておられるわけですが、ビートルズを観たことでその後の人生に何か変化をもたらしましたか？

山本　ビートルズをナマで観て感じたのは、そのチームワークというか**レコードや写真では伝わらない一体感、連帯感ですね。神様、神性のようなものを感じました。**エルヴィスのときは青春が、ジョンが死んだことを聞いたときには「俺の人生も終わった」と思いました。結局、あのときの武道館に漂っていたなんとも形容しがたい情熱、匂いのようなパワーに触れたという事実は自分の後の人生の中で何かの形になっているんでしょうね。現にこうやって**お話ししていると、いまだにシビれてきます。**

川上　そこ！　だからビートルズなんですよね。今日一番のお言葉をいただきました。どう頑張っても僕はもうビートルズには選ばれません。だから、こうしてその空気感を少しだけお分けいただくことが本望です。長時間ありがとうございました。

〔取材を終えて〕

今回の収穫は、なんといっても伝説の「ＮＣＭのタイアップ案件」である。名著『ビートルズレポート』（ＷＡＶＥ出版）によれば約４０００枚がＮＣＭとの抱き併せ販売に充

ヒッピーコミューン風なエッタ ジャズカフェの外観。三高港を降り右方向へ車で約10分。徒歩だと1時間はみておこう（アポ推奨。HP参照）

てられたようだが、山本さんの一挙選び放題20枚ゲットの偉業はそれを裏付けさせる実感があった。

蛇足ながらヒット曲「グリーン・グリーン」が有名だが、この強力な押し上げがあってか、NCMは以後何度かの来日を果たす。同様のタイアップアーチストとしてはフランス・ギャルやパット・ブーンも対象となった。

4連発という驚異的な回数が裏付けるように、メンバーの動作などに関しての証言は山本さんが堂々の第1位だ。中でもジョンとポールが口角泡を飛ばす熱演ぶりや、髪の毛一本に至るまでの克明なご記憶は大収穫であった。

とかく1978年にテレビで放映された、初回6月30日分の不調ばかりが取り上げられる日本公演の内容だが、前半2回分公演の録画も終え、殺害予告まであった物々しい異文化圏の環境に慣れたビートルズのプレイは充実の一途だったに違いない。氏の回想から、回を追うごとに彼らのパフォーマンスが物心ともにヒートアップする様子が確認できたことも貴重だった。

ご紹介が遅くなったが、そんなビートルズに選ばれまくったマスター・山本さんが切り盛りする場所が「エッタ ジャズカフェ」だ。

昨今、ヤングには映画のロケ地として。オールドタイマーには海軍兵学校などで知られる江田島だが、広島市内からだと先のG7サミットで有名になったホテル付近の宇品港から三高港へのフェリーが出ており、車でも時間はかかるが呉回りでもアクセス可能。むしろドライブやツーリングに打ってつけの店である。人里離れた海沿いにひっそりとたたずみつつ、大胆なファサードで異彩を放っている。

ちなみに店内はほとんどがテラス席のため、雨や風の日はアポ必須だが、運よく海へせり出したバルコニー席をゲットすれば眼前には宮島が望め、遠く岩国のコンビナートまで瞭然の絶景を独占できる。その上、極上のBGMと日によりライヴもあるようだ。

そして肝心の料理だが、小さなキッチンからのんびり然とした山本さんの繰り出す本格的なスペアリブやパスタは、良い意味で期待を裏切られるだろう。さらに、訪れたあなたとの音楽談義で趣が乗れば、食後は「別室でのデザート」のサービスが待っているかもしれない（素晴らしい音響システムでレコードを聴かせてもらえる）。

当初、エッタ「ジャズ」カフェという店名から勝手にジャズ∨ロックのご高説を年配の経営者から滔々《とうとう》と聞かされる図式を心配したが、山本さんの「ビートルズ愛」はとどまることを知らなかった。

最近入手されたという分厚い洋書のレコードリストに几帳面な字を書き込み、いまだ熱心に収集中のご様子。取材後の雑談中に店名の由来をお伺いしたところ、エッタはどちらかというと「江田」島とかけており、なんならビートルズを冠してもよかったそうだ。

前述の「別室」には上質のリスニング環境が仕付けられており、一枚一枚、保護カバーで包まれた愛聴盤がその出番を待っている。当然、多数の英国パーラフォン盤に混ざり米国キャピトル盤も抜かりなくコレクションされていることと、ステレオ、モノラルのミックスへの拘りには我が意を得たような親近感を覚えた。

周囲の住環境を気にすることなく、でかいスピーカーにでかい音で鳴らすシングル盤の「ロール・オーバー・ベートーベン」。ユナイト盤『ア・ハード・デイズ・ナイト』は米国盤でこそ得られるロックの真髄を感じたような気がした。

（2023年4月・江田島市にて）

山本さん世代の必携盤『ビートルズ！』を披露してくれた。本作になじみのない後追い世代も毎年6月30日には正座して聴くべき日本デビュー盤だ。

■エッタ　ジャズ　カフェ

〒737-2313
広島県江田島市沖美町是長 1751-3

ビートルズに選ばれた人 VOL．7

女の子たちがキャーキャーと大騒ぎだったことも
ビートルズの音もよく聴こえましたよ。
ジョージの「恋をするなら」がちょっと下手だった
ことも……。ビートルズに向かって下手はマズイか(笑)

東京都　**加藤 豊さん**（グラフィックデザイナー）

南東1階G列の特等席からの眺めはP151を参照

本書の先陣を切っていただいた赤穂のビートルズ文化博物館、岡本館長より加藤さんをご紹介いただいた。氏と取材日時のすり合わせに数回のメール交歓をしたが、そのなかでほぼ東京の一等地に生来永くお住まいになっている生粋の東京人であることがわかった。最寄り駅までお迎えいただき、ご自宅までの道すがらの雑談中に周囲の住環境を含め、ご家族に外務省関係者がいたという氏の生い立ちから相当なコスモポリタンぶりが伝わった。流石は花の都、大東京である。生粋の田舎者である筆者は、平静を失いつつ、旧家然とした敷居を跨がせていただいた。

加藤さんはその道では知られた方ですでに数冊の著書もあり、国民的テレビ番組にもご出演されるほどのマッチの収集家（ご本人曰く燐票家）でもある。

ご職業柄か、そうそうたる芸術家の作品もさりげなく壁を彩っている。招き入れていただいた書斎には、ビートルズだけでも膨大なレコード、蔵書、印刷物、グッズ、スクラップブックなどがすぐに目に入ってやり場に困る。それでもつい最近、ビートルズ以外のLPレコード・コレクションは処分したとのことだったが、その几帳面な整頓ぶりに否が応でも期待が高まる。

インタビューは珍しくゲスト側の先行で始まった。あにはからんや、マッチ界での大家、加藤さんはインタビューの名手だった。

直ぐに330円を握りしめてレコード店に行き、「抱きしめたい」を試しに買ってみた

加藤　そもそもなんの動機で1965年生まれの川上さんが、1966年の出来事を調べておられるのですか？

川上　こんなことを言ったら笑われるでしょうけど、僕の夢はビートルズをこの目で観たいのです。しかし現在、タイムマシンがないので1966年には帰れません。なので、**ビートルズのライヴを体感するには実際にビートルズを観た人に会って、その時のご記憶や現在のお気持ちを伺って共感することが一番の近道**だとしか思いつかないんです。

何しろ、あの現役バリバリのビートルズがたった5回とはいえ、この国まで来て歌まで唄ってくれたという事実は、現在の日本人の価値観に凄まじい影響を与えたと捉えています。

加藤　そうですね。確かに奇跡の一瞬でした。僕は、あのとき高校2年でした。

川上　では、加藤さんがビートルズを好きになったきっかけから教えてください。

加藤　1964年、最初に買ったLPレコードはベンチャーズでした。彼らのインストに当時の歌謡曲にない雰囲気を察知したんですね。1963年当時、今はもうなくなってしまった近所のレコード屋で、母親からもらったお小遣いを節約してレコードを買っていたのがきっかけです。

川上 よく聞く話です。兵庫の岡本館長は昼飯のウドン代を浮かせていたそうです（笑）

加藤 当時はシングル盤1枚分の330円が貯まるたびに買い足していきました。そんな日々でしたが、いつだったか1964年の前半くらいに福田一郎さんや高崎一郎さんのラジオ番組で、彼らのことを小耳に挟んだのが最初かな。当時は圧倒的にアメリカン・ポップスの時代でコニー・フランシスとかロニー・スペクターのザ・ロネッツとかね。そんな時に初めてイギリス発のビートルズと聞いたから驚いてね。直ぐに、330円を握りしめて件のレコード店に行き、「抱きしめたい」を試しに買ってみたのです。

川上 一撃でしたか？

加藤 はい。その日のことをはっきりと覚えています。プレーヤーの針を落とした瞬間、もう鳥肌ものでした。それまでに聴いていたアメリカン・ポップスとは全く違う。何にも例えようがない感覚でした。それにA面だけでなくB面の曲（邦題「こいつ」）も最高で、お得感が大でした。

川上 なぜか僕の鳥肌も立ってきました。

加藤　素晴らしいオリジナリティを感じましたね。解説を読むと作詞作曲も自作自演と書いてあるじゃないですか。すぐに夢中になって聴きました。当時、ちょうど新発売だった明治のマーブルチョコを食べながら聴きまくったのをよく覚えています（笑）

川上　わかります。シールのオマケが入った筒状のお菓子ですね。素晴らしき昭和のひとコマです（笑）（氏がおもむろに鉄腕アトムのシールコレクションを開帳される。懐かしのコレクションの数々を前に感嘆！）

早くも取材交通費のモトが取れた気分ですが、脱線したら戻れそうにありません。ビートルズに戻りましょう。

加藤　了解です（笑）そのあと、すぐにシングル盤の「プリーズ・プリーズ・ミー」「シー・ラヴズ・ユー」「オール・マイ・ラヴィング」を立て続けに買いましたが、信じられないことに彼らには二番煎じが一切ないのですよ。曲調が毎回違うんです。だから常に新鮮な感覚に浸れると確信して、初めて買ったアルバムが日本編集のセカンドアルバム『ビートルズNo・2！』でした。これがベンチャーズに続いて手にした2枚目のLPレコードでした。

川上　これまでお会いした方は、日本編集のファーストアルバム『ビートルズ！』から入る人が多いです。

加藤　『ビートルズNo・2！』は、ロックンロールのカバーの多い渋めのアルバムでしたが、やはりなんといってもオリジナル曲の方が好きでしたね。
川上　マッチ繋がりでも「マッチ・ボックス」はあまり聴かなかったと。
加藤　いえ、それが当時、僕はリンゴのファンでしたからシングル盤も持っていますよ。

とんでもない抽選倍率だったことを知って、一生の運を使い果たしたかもしれないと悟った

川上　本題に入りますが、ビートルズが日本に来ると知ったときの気持ちはご記憶でしょうか？
加藤　もう、狂いました（笑）。ラジオで聴いて、当然ライオン歯磨きを母親にねだって無理言ってたくさん買ってもらい、懸賞にも応募しました。…面白い話をしましょうか。僕の母はね、クジ運の強い人だったんですよ。それで、私の加藤豊の名ではなく母の加藤亜都子の名前で応募したところ、信じられないことに3通応募して全部当たったのです！
　だから当時、僕は応募さえすれば誰でも当選するのかなって思っていました。それがしばらくすると、結局とんでもない倍率だったということを知るわけで、僕はそれで一生の運を使い果たしたのかもしれないと悟りました。もっとも母の名義だったわけですが（笑）

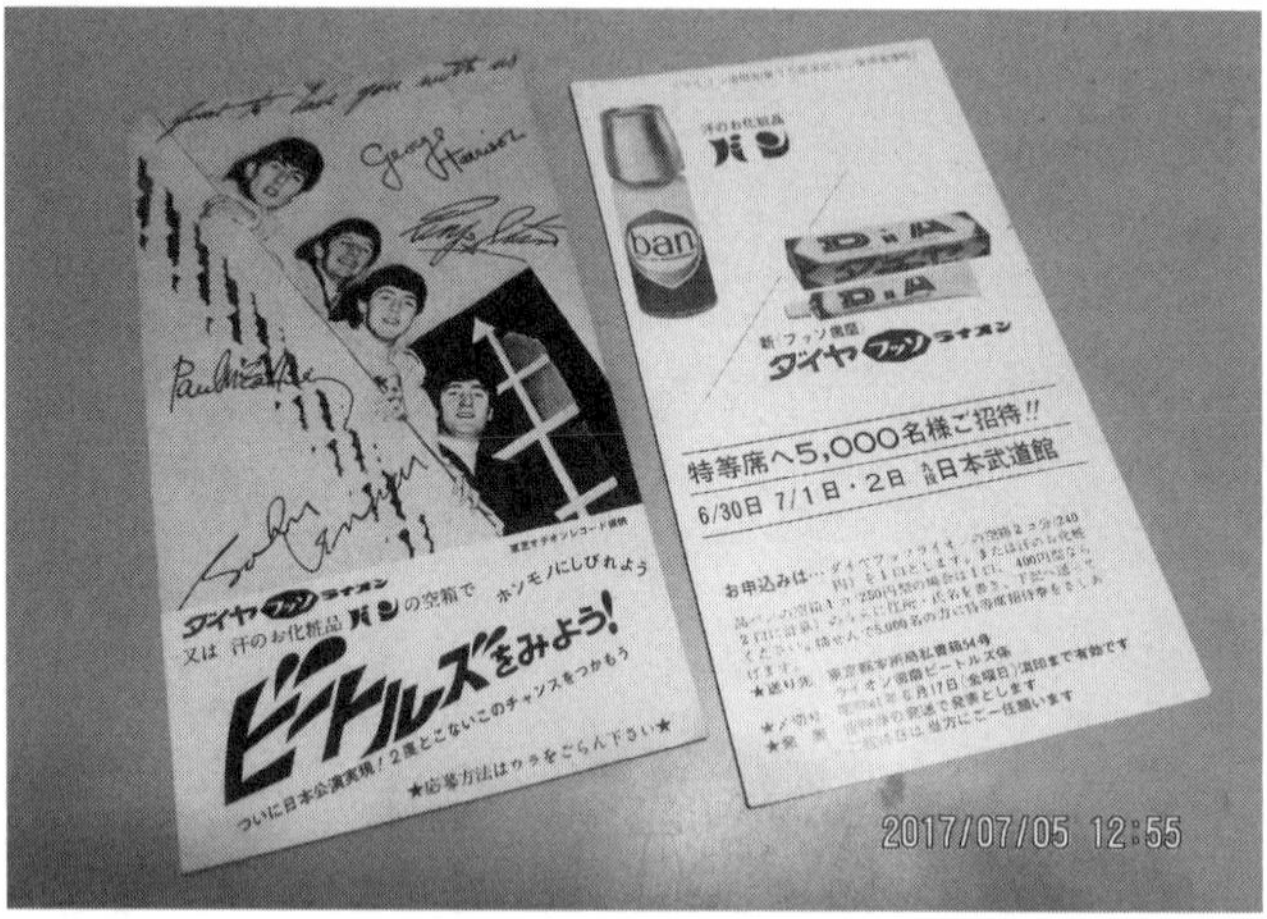

筆頭スポンサー、ライオンのチラシ。アーチ部分「ホンモノにしびれよう」の惹句も時代感を醸すが、斜字部分「2度とこないこのチャンスをつかもう」とは暗示的だ。(加藤氏所蔵)

川上　まさに、ビートルズに選ばれている人特有の現象です。

加藤　その上、もう1枚は池袋のプレイガイドでも買えたので、合計4枚持っていたのです。

川上　池袋のどちらのお店かご記憶ですか?

加藤　おぼろげな記憶の限りですが、確か東口の西武百貨店の中だったような…。そこで並ばずに、希望する座席まで選べたかと。

　結局手許に有る4枚のうち、一番ステージに近いプレイガイドで求めた良席を選んで後の3枚は高校のクラスの女友達にあげちゃった。打算のない素直ないい子だったんです(笑)。それで池袋で買った券の、7月1日夜の公演だけを聴きに行きました。

川上　加藤さんも気前がいいですね。広島にも20枚をゲットする偉業を成し遂げた方がいらっしゃいましたが、ご自分の4回分を残して周囲に配ったそうです。加藤さんは、配った3枚はどの公演だったのでしょうか？

加藤　それが、全然覚えていないのです。同じ7月1日の夜だったのか、それとも他の4回のどれかだったのか。正直言って今にして思えば別の公演日も観ておきたかったです。

川上　善行を積んでおられますね。観に行った皆さんは加藤さんには感謝しないと（笑）

加藤　ハハハ。未だになんのお礼もないですがね。後で友達に感想を尋ねたら、「衣装が違っていた」なんて聞いてちょっと悔しくてね。

川上　公演回により違いますからね。お気持ち、すごく解ります。ところでその購入された券は読売新聞の抽選に当たったとか？

加藤　いえ、多分ですが、**普通に買えましたよ**。プレイガイドに行けばどうにかなるだろうって感覚は既にありましたから。特に並んで買った記憶はないです。

川上　今回の一連の取材で分かったのは、チケット狂騒曲だとか争奪戦とか思われていますが、実はあるところにはあったよう…です。一般ファン向け、スポンサー向けなどの配分バランスが難しかったのでしょう（このあたりの顛末は『ビートルズと日本』（シンコーミュージック）、『ビートルズレポート』（WAVE出版）に詳しい）。今回取材させてもらった方々の中で、武道館から地理的に一番近いお住まいが加藤さんですから、当夜に放送された7月1日昼公演の放映は間に合いますよね？

加藤　もちろん当日は急いで九段下駅から地下鉄を乗り継ぎ、一目散に帰ってテレビ放送を観ました。急いで帰宅後、母親は観ていた番組をあっさり替えてくれたのを覚えています。

川上　当時は白黒テレビでしたか？

加藤　いや、確かうちは東京オリンピックのときにカラーテレビを買ったはずです。テレビ画面も写真に撮りました（と、モノクロの画面が写った写真を見せていただく。本当に物持ちの良い方で有難い）。あれ？ カラー放送でしたっけ？

川上　はい。地方ならともかくキー局、日本テレビさんのお膝元ですから。

加藤　それならおそらく、カラーのテレビ画面を白黒のフィルムで撮ったのでしょうね。

ジョージの「恋をするなら」がちょっと下手くそだったこともよく覚えています

川上　そうなりますすね。記憶とはあいまいなものですから。ところで初回と2回目は動画が残って加藤さんもさんざんご覧になられていると思いますが、3回目特有の出来事とかご記憶ですか？　メンバーが滑った、転んだとか。

加藤　まず、演奏はバッチリ聴こえました。前の方の良い席だったからかもですが。女の子たちがキャーキャーと叫んでいましたが、よく聴こえました。なにしろ、**ジョージの「恋をするなら」がちょっと下手くそだったこともよく覚えている**くらいですから（苦笑）。「あれ？ レコードと違うなぁ～」なんて。新曲（『ラバー・ソウル』に収録。日本では同年1月に発売）だから、まだ唄い慣れてなかったのかなって。すみません、ビートルズ相手に下手なんて言っちゃいけないよね（笑）

川上　6月30日夜の初回公演は、過剰警備の異様な雰囲気とマイクの不調でグダグダでしたから、ヒルトンに帰ってメンバーに「こんなんじゃイカン」と危機感を訴えたのがジョージというのも皮肉です。しかし、翌日の2回目からは気合も入り好演ぶりが録られています。

加藤さんがご覧になった（動画、音源の記録がない）3回目からはアンプも交換して、相当に出来がよかったのでは？と想像しています。2回目以降、〝尻上がり絶好調説〟は定説化していますが、加藤さんの率直な感想も新鮮です。ライヴへの期待度の大小を含め、受け取り方、感じ方は人それぞれですからね。

加藤　アハハ。でも子ども心に「ライヴは一発勝負だし、編集されたレコードと違うな」とは思いましたよ。あとね、**ジョージはメンバー内では一番年下だからか、少し遠慮気味に映りました。**申し訳ない、感想が正直過ぎましたかね。

川上　いやぁ、とってもいい話です。そういった個人的で生々しいお話を伺うために活動しています。特に、ジョージの話題は貴重です。（筆者のオールタイム・ベスト10には「恋をするなら」が間違いなく入る）選曲についてはいかがでしたか？

加藤　選曲については大いに不満でした。当初は何曲やるかも分かりませんでしたが、おそらくビルボードの1位から5位までを独占したという初期のヒット曲を基本に演奏するものだと思っていたのに、1曲もやらないんだから。「イエスタデイ」は演ってくれましたが、もっとロックンロールしてほしかったんです。そこが大いに不満でしたね。

そうそう、前座も長くて辟易でした。司会のE・H エリックさんも焦らすような演出で、「ビートルズの出番はまだかまだか…」とイライラしたのを覚えています。

ところで、当日にね……内緒ですが貴重なものをお見せしましょうか？

川上　ここまで聞いては引き下がれませんね。是非お願いします。

加藤　当日のステージの写真です。こっそり撮りました。

3回目特有の上下白のスーツ。「横置き」のアンプ。満席のスタンド。特等席からの眺めがよくわかる。(加藤豊氏撮影)

川上 (!) ちょっとこれは、どう表現すればよいのか。当然、高校生の写真ですから画面がブレてシロウトっぽいのですが、却ってそのときの緊張感とか半端ないですね。なんか変な汗が出ます。カラーなのも貴重です。まるで僕が観たような気持ちになります。プロが撮らないようなアングルで、メンバーが後ろを向いたりしてこちらを向いていないことで余計にリアリティを感じます。実際の客席からはこんな風に見えていたんですね。これは、ちょっと、この世のものとは思えない。

加藤 公演の最中にちょっとした事件がありましてね。当日、ダメもとでカメラを持参しましたが、1階の各座席の両端には警官が座って警備していました。会場内は撮影禁止でしたので、撮るのは難しいと思って諦めて

取材中はいつしか我を忘れていた…。マッチのコレクターというよりは「燐寸の燐票家（蒐集家）」がよく似合う昭和のリビングだ。

いたのですが、突然斜め前の席の女の子がカメラを出して撮り始めたのです。
それを見つけたアリーナから見上げていた私服警官がその女の子を指差して咎め、**通路側にいた警備員が彼女のカメラを取り上げて大騒ぎになっちゃったん**です！　当然、席の周辺は騒然として、周囲の視線は女の子に集中しました。僕はまったくノーマークになって、その瞬間「今だ！　この時しかない！」と意を決し、勇気を出してカメラのシャッターを押しまくりました。そんな慌てた状況だったから、画面のフレーム取りもピント調整もなりゆきだったのです。

川上　まさに緊張感と動揺が伝わりま

す。しかしルール違反とはいえ、鑑賞中のいたいけな少女にそこまでやるのは今ではコンプライアンス的に問題かもしれませんね。やり過ぎだと思います。

加藤 だいぶ後になっての話ですが、元ポジ（スライド用フィルム）は国民的鑑定TV番組のイベントで、十ン万円の価値が付きました（笑）

川上 でしょうね。文化遺産としては安いと思います。

加藤 ご覧になりますか？ こっそり撮ったプリント、ファンクラブ会員証、当時宣伝で配っていたカード型のビートルズカレンダー、テレカ、加えてビートルズマッチ……（と次々とお宝が御開帳）

武道館公演のあと勉強の成績が下がり、親は「行かせるんじゃなかった」と嘆いてました

川上 話を武道館に戻しましょう。その選曲中でもよかった曲がありますか？

加藤 **オープニングの「ロック・アンド・ロール・ミュージック」のジョンのかすれ声とギターの音色**で、期待が高まりました。それとエンディングのポール絶叫の「アイム・ダウン」ですね。とにかく刺激的にロックしてほしかったので、途中の選曲はどうも新曲が多く、なじみが薄かった印象でした。贅沢な話ですが（笑）

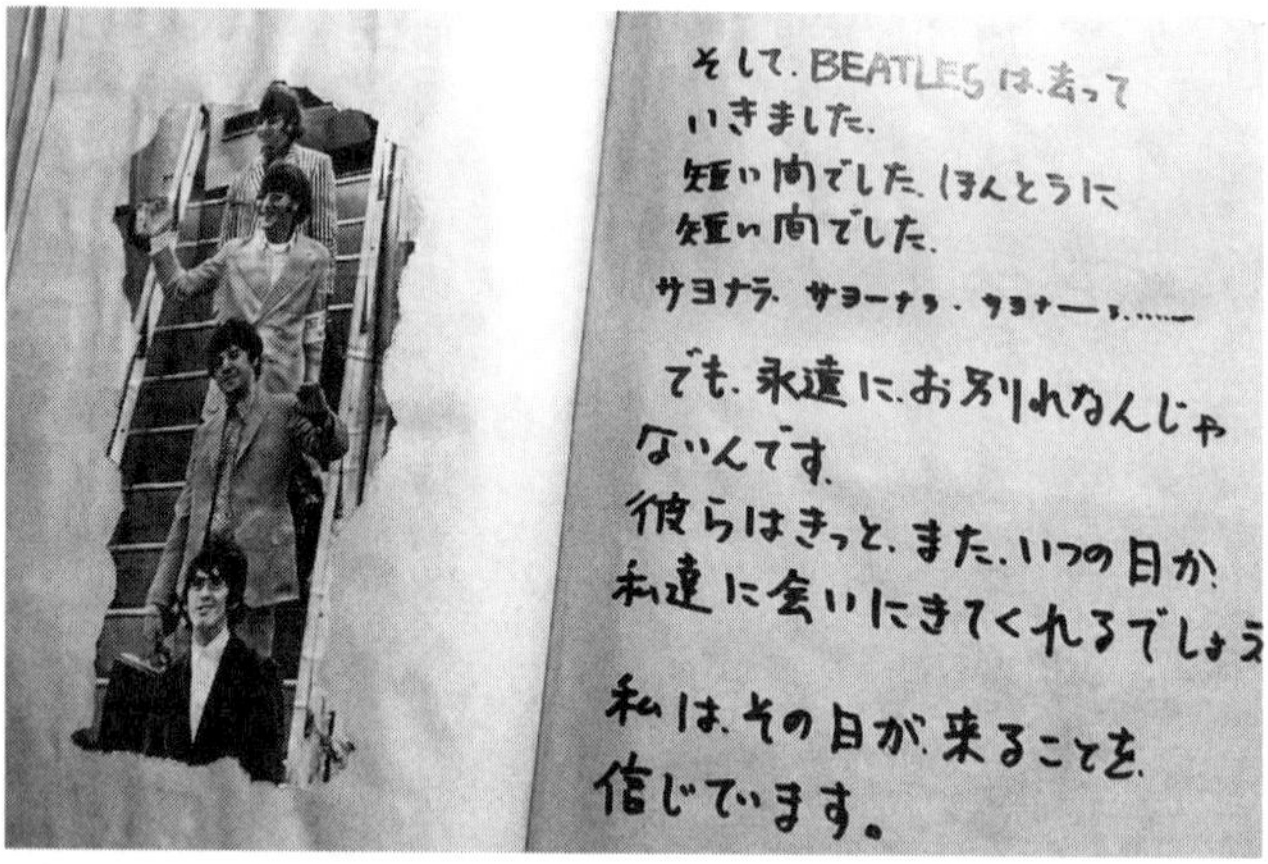
そして、BEATLESは、去って
いきました。
短い間でした。ほんとうに
短い間でした。
サヨナラ、サヨーナラ、サヨナ――ラ……
でも、永遠にお別れなんじゃ
ないんです。
彼らはきっと、また、いつの日か
私達に会いにきてくれるでしょ
私は、その日が来ることを
信じています。

妹さんのスクラップブックから。当時中学生の妹さんは武道館に行っていない（後述）。いろんな意味で涙腺が緩む。

川上　公演プログラムをお持ちですが、その他なにか武道館でお買い物はされましたか？

加藤　グッズを買った記憶はありません。プログラム以外は目に入りませんでした。

川上　翌日の学校ではどんな会話をされたのでしょうか？

加藤　それほどクラス全員で盛り上がったということはなかったですよ。一部のファンの男女数人で話題になった感じかな。公演の感想を情報交換したりして。当時は、映画音楽以外の洋楽はまだ主流じゃなかったのでしょうね。

川上　ビートルズが帰国したあとはどのようにお過ごしでしたか？　やや醒めたとか。

加藤　もちろんどっぷりハマりましたね。

学校の成績も下がって親が嘆いていました。「ライヴなんか行かせるんじゃなかった」と（笑）。妹も僕の影響でビートルズに熱中しましたが、学業の成績は良かったのが救いでした（笑）

それでも両親は割と理解はありましたね。二人とも外国育ちでリベラルでしたし、いろんな意味で恵まれていました。あと、通学は都立の新設高校でしたが長髪禁止令は発令されているものの公演禁止令は出ていませんでした。やはりビートルズを観てから髪を伸ばしたかったのですが、卒業するまで髪型は七三分けでしたね（笑）

川上 そんな加藤さんがこれまで一番多く聴いたアルバムと曲はどれでしょうか？

加藤 うーん。やはり日本でのデビューアルバム『ビートルズ！』ですね。「抱きしめたい」「フロム・ミー・トゥ・ユー」「ドント・バザー・ミー」「プリーズ・ミスター・ポストマン」等々、カバー曲も含めて全曲好きです。

次点は『ヘルプ！（四人はアイドル）』です。曲の1位は「オール・マイ・ラヴィング」、2位「シー・ラヴズ・ユー」、3位「プリーズ・プリーズ・ミー」あたりかな。

川上 加藤さんくらい明快にお答えいただけるのも珍しいです。武道館体験者のほとんどのバイブルが『ビートルズ！』です。鉄板です。それと加藤さんは初期推しですね。

加藤 僕らの世代の後の人は、映画がきっかけで「レット・イット・ビー」から入る人が

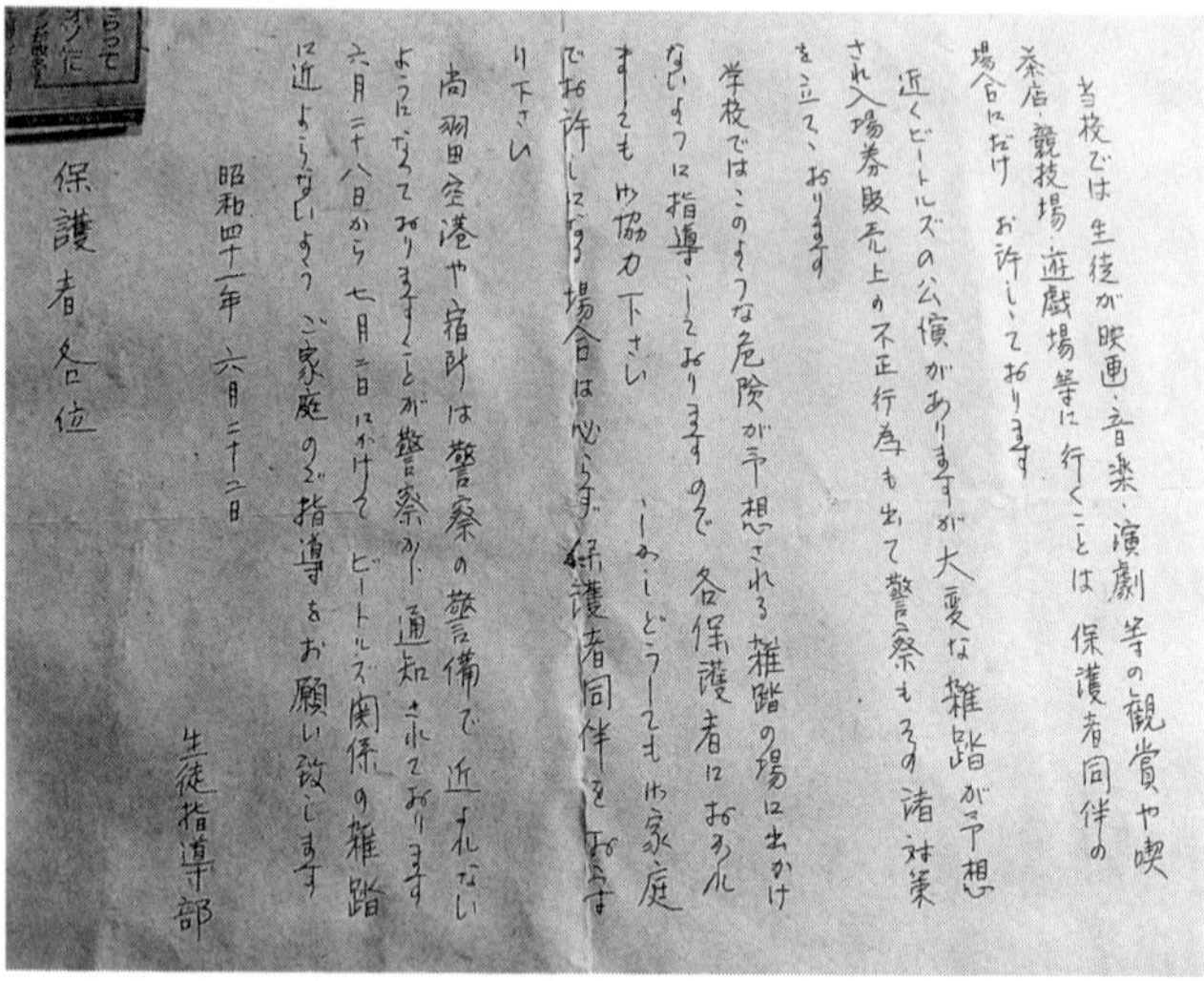
当校では生徒が映画・音楽・演劇等の観賞や喫
茶店・競技場・遊戯場等に行くことは保護者同伴の
場合にだけお許ししております
近くビートルズの公演がありますが大変な雑踏が予想
され入場券販売上の不正行為も出て警察もその諸対策
を立て、おります
学校ではこのような危険が予想される雑踏の場に出かけ
ないように指導しておりますので各保護者におかれ
ましても御協力下さい　しかしどうしても御家庭
でお許しになる場合は必らず保護者同伴をお守
り下さい
尚羽田空港や宿所は警察の警備で近れない
ようになっておりますことが警察から通知されております
六月二十八日から七月二日にかけてビートルズ関係の雑踏
には近よらないようご家庭のご指導をお願い致します
昭和四十一年六月二十二日
生徒指導部
保護者各位

同じく妹さんのスクラップより。古文書に近いこれを保存するという先見性。「入場券販売上の不正行為」が気になる。

多いんですよ。もちろん僕も好きですが、僕らはちょうど青春期の人生体験とビートルズが重なるから初期の曲への思い入れが一番なんです。作品の良し悪しでなくてね。

川上　確かに日本人は「レット・イット・ビー」大好き民族ですからね。その後、ビートルズを越える音楽には巡りあいましたか？

加藤　ビートルズ以後、音楽の間口が広がり、ローリング・ストーンズやデイヴ・クラーク・ファイヴなどのいわゆるマージービート系のイギリス勢も聴くようになり、最終的にはレッド・ツェッペリン、ステイタス・クォー、T・レックス、グランド・

ファンク・レイルロード、キッスなどの米英のハード・ロック、ヘヴィー・メタルをよく聴くようになりましたね。

川上　そんな加藤さんがつい先月、ビートルズを残して当時集めたLPレコードを全部処分されたとか？　何故ですか？

加藤　70歳を過ぎるとね、体力を含め、精神面でも意欲、物欲がなくなってきたんですよ。まあ終活ということかも。

川上　僕も遠からず通る道です。最後の質問ですが、現在のご職業とビートルズの関わりをお話しいただけますか。

加藤　多感な青春時代に、**彼らの生き様をリアルタイムに体験できたことで創作意欲を掻き立てられました。それは自由という意識革命でした。彼らを知ることで生き方、考え方の自由を得られました。ビートルズは音楽の枠を越えています。**

【取材を終えて】

加藤さんは芸術家肌である。というかアーティストである。まず風貌がそうだ。長髪にキリリとした眼差しは黒っぽいでたちがよく似合う。都会ならではの人種に間違いない。ご自宅付近の駅で待ち合わせたが初対面に関わらず、もう50m手前でそのオーラに気付く。ご自宅の中は想像通り、几帳面に整理されたコレクションや機能的にレイアウトされたリビング、仕事場。横尾忠則画伯をはじめ、びっくりするようなアーティストの作品が飾られた廊下などを拝見できただけでもこの活動をしてよかったなと思う。

当初、冒頭でも触れられたように私の活動を不思議がられていたが、それでも話がビートルズのことになると、すぐに打ち解けられた表情で秘話が続出する。

中でも最大の収穫は、ライヴ中のカラー写真を拝見したことだ。動画の存在しない3回目以降の詳細は不明な点が多く、特に7月1日の衣装は昼夜で変更しており、夜公演を観てすぐに21時からの昼公演の録画放送を観た人は少ないのではないか。それこそ東京中心部に住む人か、部屋にテレビのある中級以上のホテルを利用した上京組に限られるだろう。

それにしても、見せていただいた3枚のライヴ写真はどの曲の場面だろうかと想像する。151ページの1枚はジョンとポールが後ろを向いてなにやらアンプをいじっていることから曲間か、ひょっとするとステージに登場した直後でチューニング中かもしれない。

残りの2枚は演奏中だ。1枚はポールが大人しくソロを歌っていることから「イエスタデイ」ではないか。もう1枚はビートルズの象徴であるジョンとポールが1本のマイクを分けあって歌うシーンだ。となると「ベイビーズ・イン・ブラック」が思い浮かぶが興味は尽きない。

取材ではときおり、個人的なお話にも触れられたが、今回特に驚いたのは当時の印刷物のみならず、兄妹で作成した新聞、雑誌の切り抜き記事や雑記まで完璧な状態で保管されていたことだ。妹さんも兄の影響で相当なビートルズファンであったことが感想記や切り抜きが証明している。

当時、妹さんの手許にはお母さま名義の余ったチケットがあるのに、親から武道館行きを止められてガッカリされ、代わりに父親から『ヘルプ！（四人はアイドル）』のＬＰを買ってもらったとのことだ。兄妹で仲良くビートルズに夢中になっていたあの頃が目に浮かび、こちらまで満ち足りた気持ちになる。

僭越ながら、ご自身の老境も伺うが、まだまだお元気そうなので残るコレクションを整理される前にぜひもう一度、閲覧、対談の機会をいただきたいものだ。

（２０２３年６月・文京区にて）

コラム――④

2023参戦　Got back tour in Sydney
〝死ぬのはワシらじゃ!?〟の巻

川上弘達

2023年10月18日。ポールが『GOT BACK』ツアーを再開した。皮切りは2017年以来のオーストラリア巡業だ。8月に開催が発表されたときにはてっきり11月には北上し、お決まりの福岡で相撲観戦がてら日本公演の流れかと期待したが、程なくして11月にメキシコシティ公演が決まり、ブラジルへ南下ときた。

鑑みれば歴史的円安相場、今春のディランの木戸銭が26000円だったことを思い出せば無理もないかとも思う（ドーム2階で大3枚ということだ）。ならばということで、比較的躊躇なく渡豪を決めた。

まずはチケットだが、彼の年齢的不安と国立でドタキャンを食らった経験から、善?は急げと本ツアー2カ所目のメルボルンを狙う。

当地は10月21日土曜夜の1回公演限りということもあり、発売日に販売サイトを一時間ほど徘徊するが、なかなか費用対効果的な席が決まらぬまま、すぐに高額なVIP席にしか選択の余地はなくなったため急遽、シドニーに変更。ここなら27日（金）と翌28日（土）の2回公演だ。首尾よくスタンド後方の経済的良席が手に入った。しかし御年81歳。初日はともかく続く2日目の無事を祈りつつ、シドニーに降り立った。

長旅を終え、朝の空港カフェで一息入れつつ、昼過ぎまで宿のチェックイン時刻を待つ。ふと壁を見やると初来豪時のビートルズの写真が目に入り（この空港で熱烈な歓迎を受けている）、実りある旅を確信する。

1964年シドニー空港に降り立つファブ4に出会う。旅先ではすべてが必然に思える。

午後となりようやく投宿し、19時半の開演までひと眠りして体調回復を試みるが数分で目が覚める。寝過ごすよりは5万倍マシだろうと早めに会場のアリアンツ・スタジアムへ向かう。導かれるように迷わず電車を乗り継ぎ、到着すると会場前では女性リポーターがカメラに向かってスターの凱旋を伝えている。

普段はあまりグッズなどには興味はないが、どんなものかと列に並ぶ。しかしツアーパンフがA$50（約5000円）也。Tシャツ類も軒並みA$60超では手が出ない。ここでも国力の差を見せつけられた気分で、「ザ・パウンド・イズ・シンキング」（¥か）が脳内リピートする。

スタジアムは地元のラグビーやサッカークラブが本拠とする巨大なキャパで、壮観で眠気も吹っ飛ぶ。当日券があるようだが開演時には立錐の余地もなかった。

19時過ぎには、前日26日に発表になった新曲「ナウ・アンド・ゼン」のトレーラーを皮切りにDJやVJが始まり、徐々に数万の座席が埋まっていく様は圧巻だ。

毎回趣向を凝らしたVJは、よりビートルズ色が強まった印象だ。やがて20時ちょうどに「神」が降臨する。数秒スタンド全体を睥睨し、今ツアーの目玉である「キャント・バイ・ミー・ラヴ」で大観衆の期待に応える。

コロナ前の2019年7月、ドジャー・スタジアム以来の「生ポ」であるが、むしろ見た目の衰えは一切ない。時折スクリーンに映る無精髭が精悍でもある。長年バックを務めるブライアンやウィックスの方がポールの歳に追いついてきて

初日のアリアンツ・スタジアム前。奥のテントのグッズ売り場は長蛇の列。10月は春爛漫のはずだが当夜は「花冷え」状態。

いる風情だ。

ボケ倒すMCを含め、数曲の入れ替えはあるが基本的な構成、進行は『OUT THERE』ツアーの頃からのお馴染み。それでも久々の「シーズ・ア・ウーマン」はビートルズ日本公演フェチとすれば、この歌だけではるばる南半球に来た甲斐があるというものだ。

初日10月27日。シドニー・アリアンツ・スタジアム。

1966年の彼同様、ヘフナーを抱え、軽妙に左右にリズムをとりながらシャウトする姿に目が潤む。アンコールでは巨大ビジョンに現れる、在りし日のジョンとの共演も今回のハイライトの一つだろう。

明日の券もある余裕から自席を離れ、コンコースを周回し様々な角度からショーを味わい神を拝む。初日のマイベスト曲は「ニュー」だな。

翌28日、2日目である。全豪ツアーで唯一の連続開催だ。彼と同い年の某大国大統領は足元だけでなく、しばしば会話も覚束ないのだ。果たして81歳の後期高齢者が連夜の3時間公演が可能であるのか否かが最大の関心事であった。

しかし、それが浅慮であることがすぐに分かるくらいの出来だった。信じられないことに初日を上回るような声量、迫力は、いかに自分がポールという楽聖を見くびっていたか、ということだった。できて当然だから、金をとって演るだけである。いかにポールのワンマンバンドとはいえ、5人のメンバーのうち1人でも発熱すればオジャンなのだから、彼らのプロ根性に対しては畏怖さえ感じる。人間に限界はないのか。二日目のサプライズは「カミング・アップ」。

2015年のソウル、2019年のL.A（リンゴ飛び入り！）と3度目の海外ポール体験となったが、どこよりもポールのソロ作品へのリスペクトを感じるのがシドニーだった。

個人的には長尺の「レット・ミー・ロール・イット」などは慣れもあり、やや

10月28日、アリアンツ・スタジアム。

冗長に感じることもあったが、皆さん歌詞が理解できるので聴き入っている様子。ただ、日本公演との相違は「マイ・ヴァレンタイン」ではトイレ、売店へと奔走するお客さんも目立ち、妻ナンシーさんの心境を慮る。グラウンド席後方のバーの行列が伸びる様が上階からよく見えた。まあ歌詞が判るから「ハイハイ。ごちそうさま」ってところか。

バーといえば、これは大団円お約束の「ヘイ・ジュード」での一コマ。後半の「NA-NA-」の大合唱時には、お片付け

ニュージーランドからのジュニヴィーヴさん。お互い地球の離れ小島で同じ音楽を聴いて同じ感動をしているのだ。

中の若いバースタッフたちまでもが思い思いに歌い踊っていたのがこの曲の偉大さを物語っている。

また最終日、シドニー空港でポールのTシャツをまとい飛行機を待っていると、不意に美女から話しかけられた。「あら、あなたもポールを観たの？」ときた。同好の士同士、すぐに言葉の壁を越える。彼女はニュージーランドからで、なんでも1964年のクライストチャーチ公演以来のファンとのことで、やはり今回のイチオシ曲は同曲だったそうだ。

不謹慎だが本曲も当方にはやや耳タコ気味で、バンド側も飽きないのか。せっかくのブラス隊だ、たまには「テイク・イット・アウェイ」や「心のラブソング」なんかに交換してほしい願望もあるのだが、これらの出来事がこの鉄板曲の重要性を如実に物語っている。

一生一度の生ポールの人もいるのだ。しかし全39曲3時間近いショーに、「イエスタデイ」も「マイ・ラヴ」も「ザ・ロング・アンド・ワインディング・ロード」すら漏れている。万人が満足するライヴなんて無理だろう。彼がいかに長く多作で若く成功したかということだ。心地よい疲労感と多幸感に包まれ、まさに天にも昇る気持ちで帰路についた。

See you next time!（いつもの台詞、言いましたね？　約束ですよ！　ポール!!）

23. Being for the Benefit of Mr. Kite! (She Came in Through the Bathroom Window)
24. Something (Jet)
25. Ob-La-Di, Ob-La-Da (Being for the Befit of Mr.Kite)
26. You Never Give Me Your Money (Something)
27. She Came in Through the Bathroom Window (Ob-La-Di, Ob-La-Da)
28. Band on the Run
29. Get Back
30. Let It Be
31. Live and Let Die
32. Hey Jude

Encore

1. I've Got a Feeling (w/ virtual John Lennon)
2. Birthday
3. Sgt. Pepper's Lonely Hearts Club Band (Reprise)
4. Helter Skelter
5. Golden Slumbers
6. Carry That Weight
7. The End

◆Sydney Alianz stadium,set list 27th October(28th)2023

1. Can't Buy Me Love（28th A Hard Day's night)
2. Junior's Farm
3. Letting Go
4. She's a Woman
5. Got to Get You Into My Life
6. Come On to Me (Coming Up)
7. Let Me Roll It
8. Getting Better
9. Let 'Em In
10. My Valentine
11. Nineteen Hundred and Eighty-Five
12. Maybe I'm Amazed
13. I've Just Seen a Face
14. In Spite of All the Danger
15. Love Me Do
16. Dance Tonight
17. Blackbird
18. Here Today
19. New (Queenie Eye)
20. Lady Madonna
21. Fuh You
22. Jet (You Never Give Me Your Money)

ビートルズに選ばれた人 VOL.8

ポールとやたらに目が合いましたが、ジョージがステキだったんです……

東京都 **村岡英子さん**（地域ボランティア）

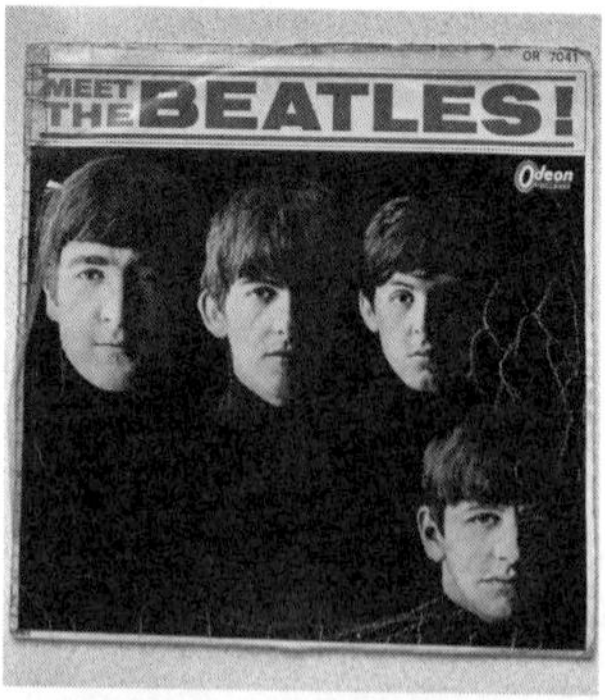

村岡さん所蔵の『ビートルズ！』。レコもここまで聴きこまれたら本望だろう。これぞ名盤！

とある、この道の大家からご紹介いただいた村岡さんも凄かった。何が凄いって、見た目とのギャップが凄い。華奢で落ち着いたたたずまい、語られる所作はどこからみても城南マダムそのものだが、経歴が凄い。

まず、学校を卒業された後に就いた仕事が、レコード店である。それも、まさにビートルズ旋風吹き荒れる1964年〜1972年までのある意味、レコード全盛時代の渦中に店を切り盛りされていたとのこと。当時の売れ筋や仕入れ、客層、宣伝、在庫管理、営業スタイルなどなど興味は尽きず、業界話だけでも半日覚悟である。

これだけに留まらず、レコード店を辞された後は、70年代のほとんどをヨーロッパ各国で過ごし、ロンドンで'73年のウイングスをも観られたとか（後述）。なかでもお気に入りの街はビートルズが育ったハンブルクといわれる！

とはいえ、決してビートルズだけに留まらない幅広い音楽趣味をさりげなく披露される、そんな村岡さんの個人的ヒストリーに引き込まれつつ、インタビューを始めた。そんな日に限って帰りの飛行機を気にして時計をチラチラ、周囲はガチャガチャとせわしない取材になったことが惜しまれる。

「お嬢さんたち、ビートルズのチケットが1枚あるけど？」
そう聞かれて二人でジャンケンの結果……

川上　村岡さんは、なんと当時のレコード屋にお勤めされていたとか。まさに僕らからすると生き字引です。何年くらいお勤めされたのですか？

村岡　東京オリンピックの年に、いつも買い物していたお店に就職したのですが、小さなお店で待遇も悪くてオリンピックの前には辞めちゃったんです。それで数寄屋橋辺りのお店に3年くらいいたのですが、人間関係が難しくて（苦笑）

川上　よくある話です。

村岡　その後、もう少し大きなお店に転職して合計8年くらいかな、レコード店で働いていたのですが、外国に住みたいな…って思うようになってね。

川上　自由を謳歌ですか。実に東京の人らしいです。

村岡　いえ、当時は東京でも変わり者ですよ（笑）。ロンドンに約1年住んで、**ハマースミス・オデオンでウイングスも観たんですが、アビィ・ロードには行ったことがない**の。でも**一番の思い出はハンブルク**かな。

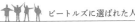

川上　むむ？　ちょっと待ってくださいよ。話が尽きそうにありませんので話を強引にビートルズに戻しますが、武道館でご覧になられたのは何回目の公演でしたか？

村岡　（おもむろに日記を取り出し）7月2日だと思います。昼だったような。

左下の半券がハマースミス・オデオンのウイングス。ある意味、ビートルズ武道館よりレア？　上部写真については後述。

川上　ジョンがサングラスをかけていましたか？
村岡　その記憶はないですから、多分昼です。
川上　チケットの入手はどうやって？
村岡　どこのラジオ局だったか、抽選に応募して購入権が当たって買いました。家族3人分のハガキを出して、私の分が当たって妹のも併せて2枚買いましたね。
川上　ラジオでの当選者は村岡さんが初めてです。お二人で並んでご覧になられたんですか？
村岡　はい。妹は2回観たんですよ。
川上　えっ2回も？　チケットはどうやって入手されたんですか？　それに今回の取材でラジオに応募した人と連席で観た人は、村岡さん姉妹が初めてです。
村岡　当時、**うちの2階に女優の松尾和子さんのマネージャーさんが住んでおられて、その方が「お嬢さんたち、ビートルズのチケットが1枚あるけど？」**って聞かれて二人でジャンケンの結果……。
川上　妹さんの勝利に？
村岡　はい。前日の7月1日にも行ったはずです。でも妹はよく覚えてないらしいんです。なので私が行くべきだったと今でも思ってますよ（笑）

前年に観たアニマルズが凄過ぎて、思わず比較してしまいました

川上　2回観られたから〝ありがたみ〟が少ないのでしょうか。さて肝心のステージですが、何か印象的だったことはありますか？

村岡　ただ周りの女の子達がやたらワー！　キャーッ！って叫んでいた印象ですね。

川上　村岡さんは年齢的にも立場的にも少しお姉さまキャラだったのでしょうかね。ちょっと斜に構えて観ていたような。音は聴こえましたか？　どの曲がよかったとか？

村岡　う〜ん、覚えてないですね。当時、**新曲の「ペイパーバック・ライター」を聴いて公演後にすぐに買おうと思いましたから少しは聴こえてたん**でしょうね。レコード屋に勤めていても、給料の半分はレコードに消えていました（笑）

川上　従業員でも貰えたりしないのですね。

村岡　そうなんですよ。テスト盤はよくいただきましたけど、いつか友達の友達のミュージシャンに差し上げてしまいました。

川上　実に羨ましい。さて、もう少し聞かせてください。武道館のどの位置にお座りになったのですか？

村岡さん所蔵のアニマルズのプログラムから。「東京ビートルズ」と双璧をなすカルトバンドだろう。

村岡　正面から観て左側だったかな、ポールに近い方。多分そんなに高い位置でなかったから1階だったような気がします。

川上　観た感想ですが、上手いな…とか思われましたか?

村岡　正直、思いませんでした。前年の65年に観たアニマルズが凄過ぎて比較してしまいました。まあ、アニマルズの会場はもっと小さい箱でしたから単純比較はできませんが、エリック・バードンのカッコよさが忘れられません。

川上 やはり村岡さんは客観的に観られていた証左ですね。まさにロック第一世代の言霊です。ちょっと脱線しますが、ビートルズの来日前後にはやはりレコードもよく売れましたか?

村岡 うーん。そうでもないんですね。お店が映画館の近くだったのでサントラの「サウンド・オブ・ミュージック」がよく売れたことは覚えているのですが。でも『ヘルプ!(四人はアイドル)』はたくさん売れたことは確かです。店内のディスプレイも頑張りましたし、よく補充もしました。

川上 うろ覚えで恐縮ですが、「若大将シリーズ」かなんかの古い劇中、一瞬だけ当時のレコード屋さんが映る場面があって、確かに『四人はアイドル』のPOPがありました。そこだけ覚えています(笑)。さて、公演当日はどうやって武道館まで行かれたのですか。

村岡 よく覚えていないけど、東京駅から皇居を抜けて歩いて行ったんじゃないかしら(その後、妹さんから「国電」飯田橋駅から徒歩だったことが判明)。

川上 武道館周辺で何か買い物はされましたか?

村岡 グッズはプログラムを買いましたよ。それとナマ写真(と御開帳いただく)。

川上 ナマ写真のブロマイドは貴重ですね。しかも来日した6月29日の記者会見のショットとは、当時としてはずいぶん仕事が早いですね。商魂たくましい。ところで当日の半券はお持ちですか？

村岡　ないです。物持ちは良いほうですが、ヨーロッパに行っていたときに地下の物置に水が入ったことがあってレコードとかも全部カビたんで、そのときに処分されたんだと思います。

ステージのジョージがステキでした。日記にも書きました。

川上　些末な質問ばかりですみません。そもそも村岡さんとビートルズの出会いって、何がきっかけだったのですか？

村岡　最初は、FEN（米軍向けラジオ局）だったの。何言っているのか英語はわからなかったけど（笑）、ここにその日のことが書いてあります（その日の日記を御開帳！）。で、初めて聴いたのが「抱きしめたい」だったのね。高3の、1964年1月27日って書いてありますね。

川上　こ、この記録は文化遺産級です（日本のデビューは同年2月が定説となっている）。

村岡　私はね、病弱だったから寝ながらよくラジオを聴いていたんですよ。この日記も恥ずかしいから始末しなきゃね。

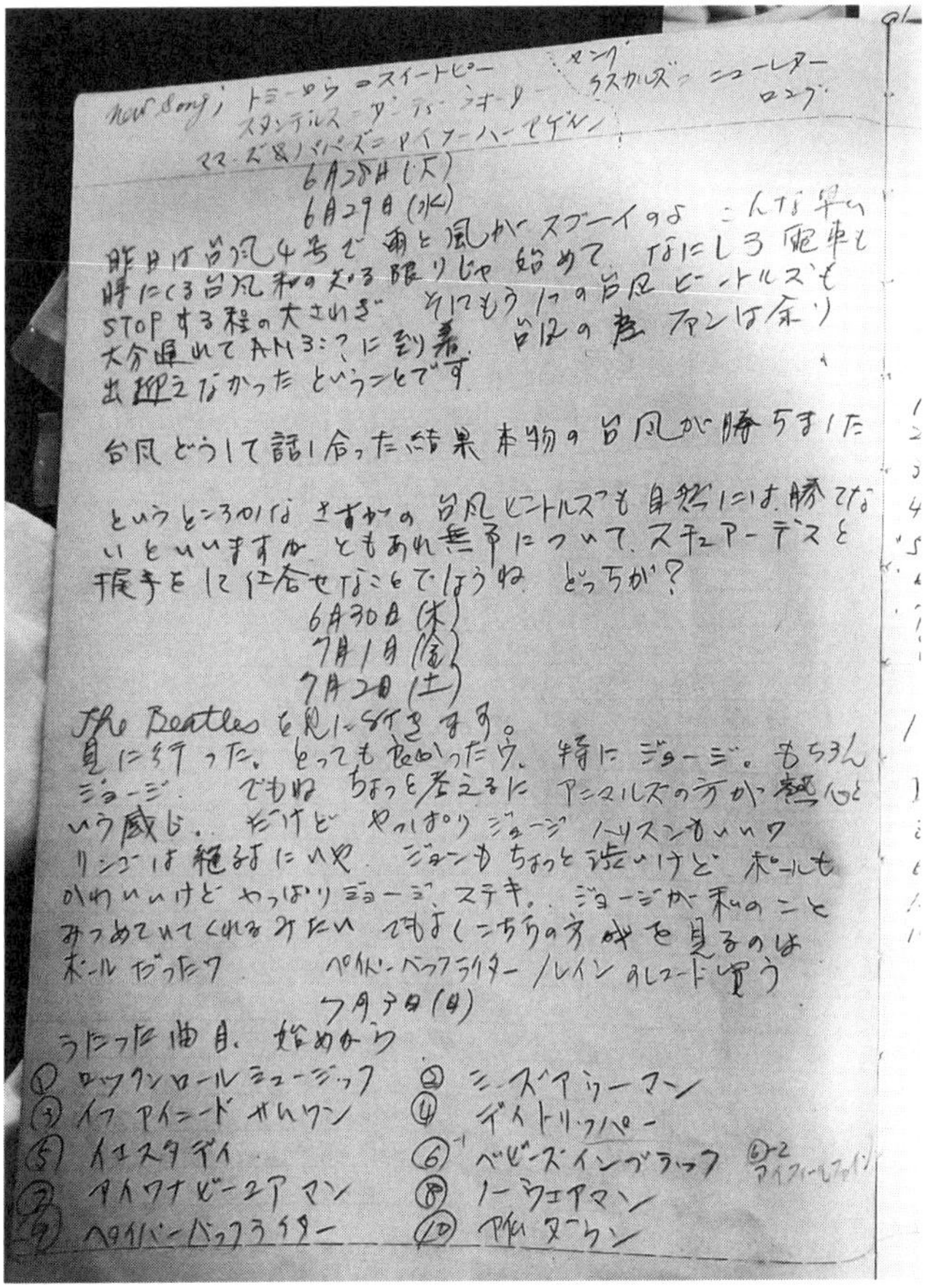
New Song; トミー・ロウ＝スイートピー　センプ　ラスカルズ＝ニューレター　ロング
スタンデルス＝ダーティーウォーター
ママス＆パパス＝アイ・ソー・ハー・アゲイン
6月28日（火）
6月29日（水）
昨日は台風4号で雨と風がスゴーイのよ　こんな早い時にくる台風私の知る限りじゃ始めて　なにしろ電車もSTOPする程の大さわぎ　それでもう1つの台風ビートルズも大分遅れてAM3:?に到着　台風の為ファンは余り出迎えなかったということです
台風どうしで話し合った結果本物の台風が勝ちました
というところがさすがの台風ビートルズも自然には勝てないといいますか　ともあれ無事について、スチュアーデスと握手をして仕合せなことでしょうね　どっちが？
6月30日（木）
7月1日（金）
7月2日（土）
The Beatles を見に行きます。
見に行った。とっても良かったワ。特にジョージ。もちろんジョージ。でもね ちょっと考えるにアニマルズの方が熱心という感じ。だけど やっぱりジョージ ハリスンはいいワ
リンゴは絶対にいや　ジョンもちょっと話いけど ポールもかわいいけど やっぱりジョージ ステキ。ジョージが私のことみつめていてくれるみたい　でもよくこちらの方 此を見るのはポールだったワ　ペイパーバックライター／レインのレコード買う
7月?日（日）
うたった曲目、始めから
① ロックンロールミュージック　② シーズアウーマン
③ イフアイニードサムワン　④ デイトリッパー
⑤ イエスタデイ　⑥ ベビーズインブラック　⑥-2 アイフィールファイン
⑦ アイワナビーユアマン　⑧ ノーウェアマン
⑨ ペイパーバックライター　⑩ アイムダウン

乙女日記を盗み見る。ポールに見染められるとは隅に置けない。ビートルズ2枚看板の嫁が、日本人の可能性もあったのだ!?

川上　まさか。大切にしてください。日記だけで本が書けそうなのでまた別の機会でお願いしたいくらいです。そんな元祖ビートルズファンの村岡さんが生涯一番多く聴かれた曲って何ですか？　それとアルバムを教えてください。

村岡　なんだろう。でもやっぱり「抱きしめたい」かな。あと、アルバムは日本デビュー盤の『ビートルズ！』ですね。

川上　王道です。この取材中、ほとんどの方がこのアルバムを異口同音に挙げられます。結局、「抱きしめたい」は武道館では演らなかったですね。選曲はご不満でしたか？

村岡　それはあったかも。だからアニマルズのときと比べちゃうのかな。**ただね、ジョージがステキだったんです。日記にも書いてあります。**

川上　なかなかどうして、女の子されていますね。そんな洋楽大好き少女の村岡さんが、ビートルズ以外で好んで聴いてこられたのはどんなアーティストですか？

村岡　ジョージア・サテライツ！　日本でのライヴにはほとんど行きました。それと、インエクセスにストレイ・キャッツ。女性ならシンディー・ローパーなんかが第二の青春ね。三かな？（笑）。元々はボビー・ヴィー、ロイ・オービソン、ディオンとかが好きでした。

川上　恐れ入りました！

〔取材を終えて〕

繰り返しになるが、いやはや恐れ入りました、である。人は見かけによらぬものとはよく言うが、村岡さんの柔和な口調で訥々と紡がれるロック遍歴は、良い意味でエグイの一言。東京の街中で思春期を過ごした彼女の洋楽志向はポール・アンカやエルヴィス・プレスリーなどアメリカン・ポップスを源流としている「正統派」である。

なのである意味、戦後日本の洋楽市場に沿った「耳」を持っておられるだけでなく、レコード店員という業界最前線の実務者であったことがひたすら貴重である。その上、アニマルズやビートルズの初来日を観たという「ブリティッシュ・インヴェイジョン」を目撃した「目」をもっているのだから人間国宝級だ。

加えて、氏の持つ「記録力」である(その分、記憶力はあまり自信がないとのことだが…)。主にラジオからの聞き取りを中心とした精緻な曲のリストや放送日時などは、ビートルズ来日の枠だけではとても収まるものではない。

随所の走り書きにみられる当時の少女の率直な所感を含めた、その資料価値は将来、戦後音楽史、業界を調査研究する者にとってニーズは高まる一方だろう。備忘としての彼女の日記は、時折FENをもチェックするその勤勉？ぶりのお陰で本家米国人目線、売れ

武道館で購入されたというブロマイド。しかし村岡さんと並ぶといかにワシ（筆者）の態度と顔がデカいのか痛感、する。

線という市場的客観性をも抱合している。

客観性といえば、武道館での感想も独特である。来日時には社会人3年目だったとのことだから御歳は不詳とさせていただくが、公演の感想もスタンドの凄まじい嬌声をまず口にされたことからも、割と冷静に受け止められた印象だ。

同時に、初日の異様な空気感も最終日を迎え、ビートルズとオーディエンスとの間にあった垣根がとり除かれていた証ではなかろうか。そのことは本書、証言者の中でも感じとれるし、類書でも定説化している。

この7月2日公演は前夜のテレビ放送を視聴しての参加者も多かったことだろう。ただ、音声データが現存しておらず今後の研究の余地はありそうだ。警視庁の更なる情報公開に期待したい。

村岡さんはそんな洋楽環境の良い東京を離れ、70年代のほとんどを欧州で過ごされた。ブレイクさ中のウイングス（この話も伺いたい！）や全盛時のストローブスもロンドンで観ているだけでは飽き足らず？ 聖地ハンブルクに長く住まわれた。

現在は体調を気遣いながら自治会のまとめ役を買って出られているそうだが、その任期後には再度、当地への旅を計画されているようだ。

また、不定期ながら複数のバンドでボーカルをつとめたり、時にはカラオケでエルヴィスを熱唱されるという男らしさ、もといタフネスぶりも見た目とは、いい意味で裏切られている自分がいる。

ＬＯＮＧ　ＬＩＶＥ　ＲＯＣＫ！

（２０２３年８月・品川区にて）

ビートルズに選ばれた人 VOL.9

あの日、精一杯のオシャレをしていきました。髪もビートルズの奥さんたちを意識して気合をいれて…

栃木県　大門久美子さん（美容関係）

大門さんからいただいた絵葉書。（著者撮影）

この方との出会いも劇的だ。というのも、今回の企画の最大の難点は、武道館でビートルズを観た人（ビートルズに選ばれた人）の捜索である。仮に特定できたとしても企画の趣旨のご賛同をいただき、万障繰り合わせ、お会いしてお話まで伺えるかどうか――？

取材活動中は山あり谷あり、首尾よく数珠繋ぎで対象者を紹介いただくこともあったが、日照りのような日々が続き、焦る私は武道館ライヴの洗礼を受けた著名人にメールを送りつけたりもしたが、当然無しのつぶて。「ノー・リプライ」がいっそう好きになってしまった。

そんな時期、パソコンでやみくもに検索をかけた私は、ネットに公演チケットをアップしていた彼女にアタリをつけ、速攻アタック。幸いに優しい方ですぐに連絡をいただいたが、日本公演の話はしたいものの先ごろ大病をされ、現在療養中とのこと。簡単なやりとりの後、程なく没交渉となった。

そんなこんなで時は過ぎ、ひょんなことから、ふと彼女のことを思い出し連絡をしたところ、体調も回復されたご様子。数度のやりとりのあと、ようやく今回の機会を得たのであった。

当日は栃木が誇る名店カフェ、「ペニー・レイン」さんをセッティングいただき、めでたくご対面と相なった。この手にありがちなマニアックな店内かと思いきや、明るい雰囲気で客層は老若男女、国籍を問わずの大盛況。ビートルズ云々以前に、看板商品のスイーツ、ベーカリーが大人気なのだ。県内には支店やレストランも展開、グッズ類も充実しており那須や日光と絡めてのハシゴ旅も一興だろう。ちなみに入店時のBGMが「デイ・トリッパー」、次曲が「ひとりぼっちのあいつ」(いずれも武道館で演奏された)ときた。

足かけ1年半。「ひとりぼっちのわし」の旅もいよいよオーラス。広島→宇都宮、片道1000キロの本編最遠距離取材は充実の予感の中、始まった。

新たに出る歌がいつも斬新で素晴らしい!
…なんてグループは、他にはなかった

川上　そもそも何がきっかけでビートルズを知り、どんな聴き方をされていたのですか?

大門　多分ラジオでしたね。**聴いた途端に凄まじい感動に襲われました**。それまでは美空ひばりさんなんかの歌謡曲しか知りませんでしたから、それはもう大ショックでした。新しく出る歌、出る歌がいつも斬新で素晴らしい!なんてグループは他にありませんでしたから。

JR宇都宮駅から車で約10分、駐車場も充分。ここのスイーツからビートルズファンになる"ヤング"も多いはずだ。

川上　それはいつ頃のお話ですか？

大門　高校に入ったときかな、アンディ・ウィリアムスやパット・ブーンなどの正統派シンガー推しの同級生たちと、休み時間にビートルズのレコードをかける、かけないでやりあったことがありました。こちらは聴きたいものですから先生にかけあうのですが、**県立の進学校だったものですから先生たちが、「そんなものにカブレるな！」と、ひと悶着あった**のです。

川上　おー。のっけから時代感あるイイ話ですね。そんなビートルズ少女が特にハマった曲とかレコードは何だったのですか？

大門　全部です。高校を出て役所に就職したのですが、算盤もできないわ、つまらないわですぐに辞めちゃって、家業の写真館を手伝っていたんですよ。写真屋の仕事は日曜祭日こそ結婚式とかで忙しいのですが、逆に平日は割とヒマなんです。中心街の二荒山神社の隣に上野百貨店があったのですが、そこにしかビートルズのレコードが売っていなくて、しょっちゅう入り浸って聴いていました（笑）

川上 当時の10代では、なかなかLPとか買えなかったでしょう？

大門 いえ、それがうちは割と経済的には恵まれていまして、LPは全て買いました。ほとんどお小遣いはレコードに消えましたけどね（笑）

川上 それはお見それしました。

大門 それから東京に親戚があって、ちょくちょく東京に行ってましたから、そこで雑誌とか予約して（と、**数十冊の『ザ・ビートルズ・ブック』**を御開帳）。

川上 こ、これは驚きましたね。しかも保存状態もすこぶるいい。東京のどちらで？

大門 さあ、紀伊国屋だったか？　はっきりとは憶えていませんが、なにせ当時の宇都宮には売っていませんから上京の度に次号を予約しました。全号は揃っていませんが、大切にしまってました。

シミや焼けもなくキレイなチケット。最初から折れた状態で封入されていたとのこと。

性格的にキャーッとか言えないので、双眼鏡のピントを合わせて二人の顔を観た

川上 さて、そんな地方の少女がどうやってチケットをゲットしたのですか？

大門 ライオンの懸賞が当たったんです。来日を教えてくれた妹は落ちたのですが。

川上 栃木中の歯磨き粉を買って、歯が真っ白くなったとか？

大門 （笑）1通送っただけですよ。先に送った妹と彼女の友人たちは、誰も当たらなくて。

川上 残り物に福あり。ビートルズに選ばれています。当選した時のお気持ちはご記憶ですか？

大門 当たると思わないからかなりびっくりしました。妹はとても羨ましがっていました。

川上 ケンカしたとか？

大門 それはないです。ただ、妹にプログラムをお土産に買って帰ったみたいですが、どこで買ったのかも憶えていません。でも精一杯お洒落して行ったのは確かで、緑のワンピースに白いヒール。髪もビートルズの奥さんたちを意識して、気合を入れてロングで（笑）

川上 野郎の分際ですが、我がことのようです。選曲についてはいかがでしたか？

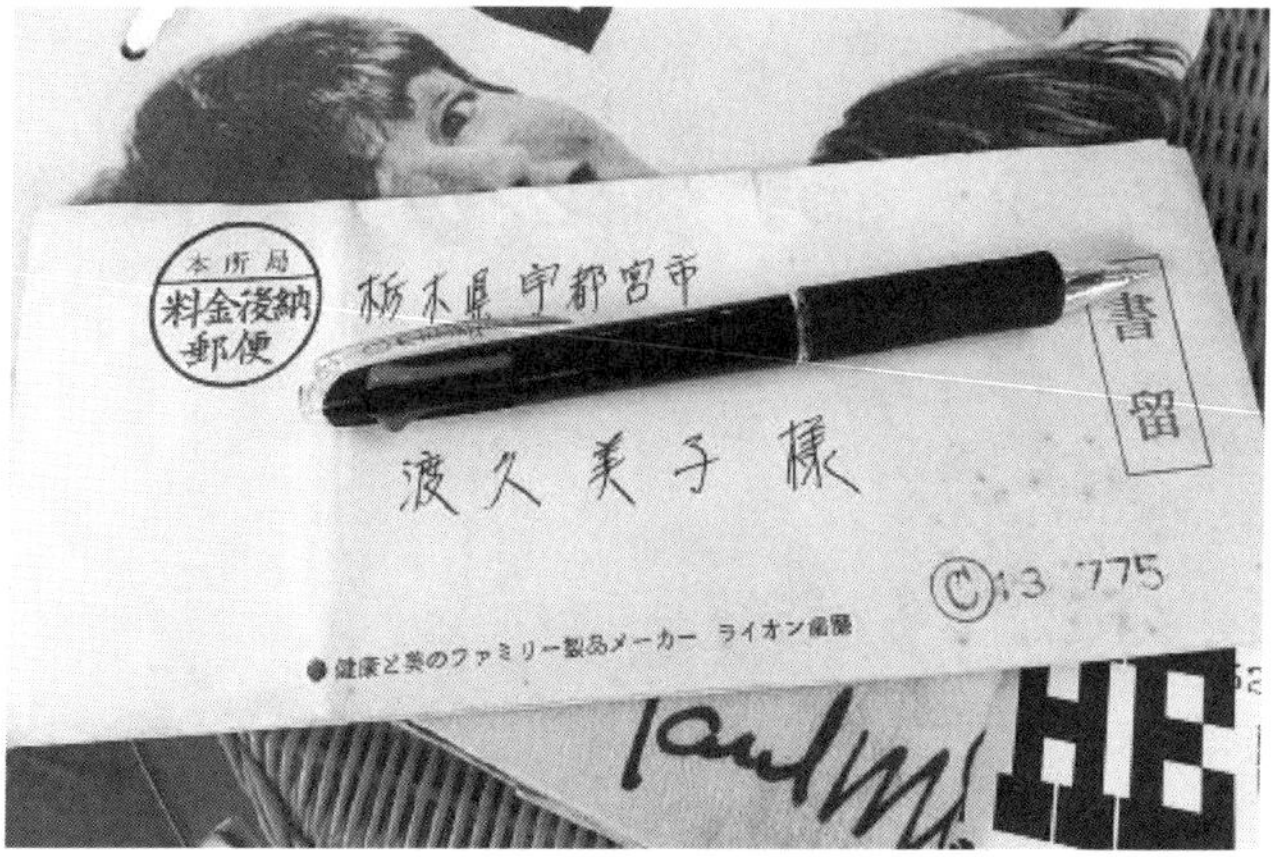

今回の収穫はライオンの封筒だ。余談だが大門さんの旧姓はなんと渡さん。石原軍団にも選ばれている？

大門　特には。歌ってくれただけで満足というか。**音が割れてあまりよく聴こえませんでした**し。それにレコードと比べてしまうと音響環境が悪いので、上手には思いませんでした。ただ、ほぼ正面（南西ブロック）だったので視覚的には満足でしたが。

川上　大門さんがご覧になられた7月1日夜から高出力のアンプに変更されていますから、音が割れたのは調整不足か意図的だったのかもしれませんね。その夜9時から昼の部の録画放送をご覧になられましたか？

大門　多分観ていないです。その夜は東京の親戚の家に泊まったような気がします。当時はその日のうちに宇都宮の家まで帰れなかったのではないかしら。

川上　女の子の一人旅ですし、その可能性は高そうですね。その他、印象的な出来事や五感で印象に残っていることはありますか？　色とか匂いとか体感的な。

大門　客席からは小さく見えました。私は性格的にキャーッとか言えないので、双眼鏡のピントを合わせてジョンとポールの顔を観たこと（さすがは写真館の娘だ！）は確かですが、とにかくビートルズを早く観たくて観たくて、前座も早く終わってよ！　とブルーコメッツとかもよく憶えていません（笑）

そういえば、武道館の周りにはお巡りさんや警備員がたくさんいて、囲まれながら入場しましたね。…こうして質問されると記憶が蘇りますね。そうそう、隣の知らない男の子に双眼鏡を貸してあげました。それとアリーナに人が居ないので、もったいない！って少し憤りました（笑）。私、少し客観的なところがあって、俯瞰して見る癖があるんです。

特に彼の声が好き。
あ、当時はヨーコさんをだいぶ恨みましたけど！

川上　充分です。普通は半世紀以上前の出来事なんて憶えていませんよね。初めて観たコンサートがビートルズでしたか？

大門　ええ、日劇とか歌舞伎とかは連れて行ってもらいましたが、洋楽は初めてでした。

川上　へえ、それはそれで貴重です。上京の前にご両親から何か注意めいたことは言われましたか？

大門　父は戦争帰りですが、特に何も言われませんでした。家族の中では、言ったように妹が羨ましがって、その反動か、以来よくポールの来日公演には行っています（笑）

川上　大門さんもご一緒されるのですか？

大門　それが私は一度もないんですよ。

川上　ある意味、深いです。でもそれが正解かもしれませんね。おじいさんのポールがどんなに頑張っても現役のビートルズには敵いません。

大門　新曲の「ナウ・アンド・ゼン」が出ましたが、あれはあくまでジョンの曲であり、しかも未完成です。それをいくらポールたちが手を加えたところでビートルズとは思えません。

川上　深いです。では、そんな大門さんが特によく聴いた作品を教えてください。

大門　（長考の末）アルバム『ヘルプ！』は全曲よく聴きました。映画館で10回くらいは観ました。館内すごい歓声でしたよ（笑）どのシーンもよく憶えています。『やっぱり紅茶好きなんだ、タバコ吸い過ぎだヨ』なんて（笑）。最近では『アビィ・ロード』かな。「ゴールデン・スランバー」とか。日によって変わりますね。

川上　本当にお好きなんですね。皆さんそうおっしゃります。では、推しのメンバーはいますか?

大門　ソロ時代まで好きだったのはジョンですかね。特に彼の声が好きです。微かな抑揚とか感情表現が豊かで。最近は歌詞もだんだん理解できるようになりました。葬送曲は「イマジン」にしてくれって頼んでいます(笑)。あ、当時はヨーコさんをだいぶ恨みましたけど!(爆笑)。(…いつしか店内BGMは「ナウ・アンド・ゼン」が。決して偶然ではない天の配剤だ)

川上　怖い怖い。憎しみの対象がジョンではなく?女の敵はなんとやらですね(笑)。彼の歌詞にはいまだにハッとさせられます。もうずいぶん彼の享年を越えてしまいましたが。

大門　40歳で死んでいますからね。よく妹とも話すのですが、ひとつとして似た曲がなくていまだに驚かされます。

川上　今でもときどき1966年7月1日のことを思い出されたりしますか?

大門　そりゃありますよ。日本でビートルズを観られた人が何人いるのだろう?と考えると、今でもすごくラッキーだったと思うんです。家のこと、病気をしたりと**色々ありましたが、ビートルズに出会えたことが間違いなく人生一番の出来事といえます。**

この頃、貴方のような年下のファンから、しまっていた昔の思い出を引き出してもらっ

シミも焼けもない大門さん。こうして並ぶとどちらが年上かわからない。真っさらのビートルズ・ブックにも注目！

て……。チケットを大事にしておいてよかったです。

川上　そうおっしゃっていただくとはるばる来た甲斐があるというものです。こちらこそ本当にありがとうございました。

〔取材を終えて〕

残念ながらビートルズには選ばれなかった妹さんとは現在でも仲良く、ビートルズ話に花が咲くそうだ。

お子さんやお孫さんからも「武道館のチケットは手放すな」と釘を刺されているようだが、家でここまで根掘り葉掘りの質問責め？にあうことはないとのこと。（あいすません）

しかし最近では、筆者以外にも遠方の若いマニア達とも情報交換しているようで、「終活するつもりが再び火がついたみたい」とのことだった。

ここだけの話、今ではお孫さんからバァバと呼ばれる大門さんだが、エスティシャンというご職業柄もあるのだろう、ボーイッシュなショートカットが実に可愛らしい。

取材後、古いスナップ写真を見せていただく。すぐにジェーン・アッシャーばりのロングヘアー美女に囚われる。22〜23歳の頃とのことだが、傍らのオープンカーはなんとホンダの名車S８００（！）だ。

実は予定していた質問に、「もし公演を観ていなかったら？」という項目があったのだが、写真を見て動揺したのかすっかり飛ばしてしまった。

ただこのスウィンギンな写真を見るかぎり、ヤボな質問しなくて正解だったな…と妙に納得したのも事実。（イェイェなミニスカートから覗く、御み足に動揺したこともここだけの話です）。

（２０２４年１月・宇都宮市にて）

コラム――❺

「シン・ビートルズの映画」

川上弘達

嬉しいことに、昨今はビートルズ関連の映画公開が相次いでいる。

2021年に公開された『ミーティング・ザ・ビートルズ・イン・インド』（藤本国彦氏字幕監修）は、当時インドのリシケシで修行中のビートルズと偶然居合わせた若者の回顧録。

2022年末の『ジョン・レノン～音楽で世界を変えた男の真実～』（ピーター・バラカン氏＆藤本国彦氏字幕監修）は、リバプールが生んだ不世出の大天才を幼少時から知る関係者のエピソードで満たした作品だ。そして2023年に入り極めつけだったのは、『ミスター・ムーンライト〜1966ザ・ビートルズ　武道館公演　みんなで見た夢〜』の公開だった。

実際に筆者のようにビートルズの日本公演に間に合わなかった（ビートルズに選ばれなかった）世代の関心事のひとつが、「実際に聴こえたのかどうか」だろう。この『ミスター・ムーンライト』の劇中にも、本作の取材中にも再々その話題が上るが、岡本館長の言われる「（批判的な）大人たちはそもそも聴く気がないので聴こえない」という主張も解る。

人間は興味や関心がない事象には耳が反応せず、情報をスルーしてしまうというRAS機能の話は有名な脳科学的事実だ。参加者が「聴き」にいったのか、「観に」いったのか目的意識にも因るだろう。

半面、今回の取材で収穫だったのは、音楽業界の第一人者の川原伸司さんから、PAシステムの未整備から座る場所により個人差が大きかったのでは？という説を解りやすく説明していただいたことだ。

おそらくは、その両方の要素が合わさり現在の言説（伝説）に至っているのだろう。そこで言うはタダ。シロウト考えで恐縮だが、なんとか現在の武道館が現存する間に日本公演の実証実験ができないだろうかと夢想する。


シナリオ的には、日本公演で演奏された全11曲を、当時の機材で再演、実験してもらうというものだ。もちろん予算は少ないほうがいいに決まっている。ギャラはロハでいいというトリビュートバンド限定だが、そんなもん天下のビートルズを聖地、武道館で演奏できる特典だ。喜んでマックスの11グループが集結することは想像に難くない。

そこで平生鍛えた自慢のプレイを披露できるとあれば、出演者にも良い記念となるだろう。**小川さん率いる「イマジンボイス」**は無論無条件の第1シードだ。（ひと肌脱いでくれますよね!?）

一世一代の「ガチ・ビートルズ来日ごっこ」だ。失敗は許されまい。2部構成としたい。後半の部はいよいよ真打ち、プロの登場だ。

当時の機材を現在のPAシステムで武道館じゅう、存分に響かせたい。**音響担当は川原さん**に頼んでみよう。その道のプロの方々が無償同然で何グループ集まるか楽観はできないが、どの演者がどの曲を選ぶかも興味深いし、このプロによる後半戦は曲のアレンジも自由とすれば、演る側、観る側のモチベーションも維持でき、高められるというものだ。あっ、楽屋のケータリングは**三鷹のおでんと山本さんのスペアリブ**がいいな。

当然、観客も必要だろうが名うてのコピバンのファンの人たちに加え、ビートルズの薫陶を受けたプロも出演ともなれば、集客もそう難しくはないものと思われる。

損益分岐点はさておき、作品使用料も勘案すれば5000円程度のチケット代（当然券面の意匠は当時のパロディがいいな。**デザインなら岡本さんや加藤さん**がいる。この半券、捨てるに捨てられまい。宣伝用のポスターと物販用のTシャツも任せよう。ムフフ…）をいただいても、お客さんはこの実験の意義を理解しているのだからして、そうそう文句は出ないだろう。

となると、「入場券」のモギリは村岡、大門女史のキレイどころがお出迎えだ。タキシードの似合いそうなE・H エリックさん役は井口さん。帽子の似合う畝田さんには警帽をかぶってもらい青少年をビシビシ補導してもらおう。

それに留まらず、音響結果を聴き比べた情況を収録、映画化すれば世界中のビートルズ、いや全音楽ファンの耳目をも集められるはずだ。ん？ 待てよ。そうなれば一番大変な英文字幕はどうすんだ⁉……（ヒントは本コラム中にあり）

来年度のドキュメンタリー映画部門賞は本作、『ビートルズに選ばれた人たち〜

武道館公演 **『みんなで作った夢』** でキマリだろう！ **ワシ**もドサクサに紛れて俳優デビューしよう！ グフフ、会場で本書も売りまくろう!!（エンドロールのＢＧＭは「夢の夢」だな……グッド・ナイト）

日本武道館（著者撮影）

ビートルズに選ばれた人　特別インタビュー

全米制覇前夜！ アイドル絶頂期！
イギリスのビートルズ

ピーター・バラカンさん（ブロードキャスター）

まさに、特別ゲストである。音楽ファンなら言わずと知れた、ピーター・バラカンさんに直接お話を伺える機会を得た。

1951年ロンドン生まれの氏は当然、日本公演はご覧になられていないが、ロンドンでの「ビートルズ　クリスマス・ショー」の目撃者だ。時は1964年1月2日の午後6時40分の1stショー。場所は地下鉄フィンズベリー・パーク駅前で、当時は「アストリア」と呼ばれたシアターである。70年代には「レインボー」と改名し、しばしばビッグネームのライヴ会場として名を馳せた。

またとないバラカンさんへのインタビューだ。今回はビートルズを中心に、60年代当時の音楽シーンのみならず、英国の雰囲気や暮らしぶりなども適宜脱線しつつ質問してみた。

ちなみに本取材は、バラカンさんがイベントで訪れていた我がホームタウン、広島の老舗音楽喫茶・中村屋さん（後述）で行われた。

川上　バラカンさんはビートルズの一番いいときを目撃されているので、ぜひその時のお話をうかがいたいのですが。

バラカン　一番いいときかはわかりませんが、人生最初のコンサートがビートルズでした。

ピーター・バラカンさん(右)と筆者〜中村屋にて

川上　ライヴパフォーマンスという見地では、一番活きがいいときといえるのではないでしょうか。チケットを入手したときのことを教えてください。

バラカン　10月だったか11月だったか、アストリアのBOX OFFICE（チケット売り場）はとても寒かったのを覚えています。クリスマス・ショーですから、確か年末から年明けにかけて2週間くらいかけて行われたのですが、すでに満員の日があって、もうその日しか券がとれなかった記憶があります。割とすんなり買えたような気がしますから、発売からしばらくたって買ったのかな。

川上　資料（NOWHERE Vol.18（プロデュース・センター出版局））によると1963年10月21日（月）から発売とありますから、発売当初は休み前日か休みの日から売れることを考えれば、そうだったのかも知れませんね。

バラカン　1階のいい席はすでに無くて、その日（1月2日）の2階席の一番前だったら空いている…みたいなやり取りだったのかもしれません（1964年1月2日は祝日明けの木曜日、平日だから符号は合う）。チケット半券も残してあって、当時のレートで650円くらい。午後6時40分開演です。

川上　10月21日に発売を開始して、11月16日に売り切れたとのことです。のんびりというか、今の感覚だと、飛ぶ鳥落とすビートルズならネットやコンビニで即日ソールドアウトだと思うのですが、現代とは発売や購入方法が異なりますよね。

バラカン　ぜーんぜん違いますよ！ 当時は会場の BOX OFFICE に行かないと買えないんですから。うちのマズウェル・ヒルからフィンズベリー・パークまでバス一本20分で行けるし、寒かったけど特に苦労はなかったと思います。（デビューから立て続けに2枚のアルバムが1年近くチャートの1位をキープ。人気沸騰のスーパーグループの首都凱旋公演の割に、意外と牧歌的で容易に入手されたとのこと。バカラン兄弟の平生の行いとタイミングが良かったのか、何にせよ羨ましく時代を感じさせる逸話である。ネット販売のない時代、数万枚を窓口で「手売りする」手間を考えれば納得もする）

川上　マズウェル・ヒルといえばキンクスのデイヴィズ兄弟が育った街ですね⁉ あの名

作『マズウェル・ヒルビリーズ』のジャケットが撮られた伝説のパブ、アーチウェイ・タヴァーンのある…。どんな街ですか?

バラカン　地下鉄で言えば、アーチウェイ駅よりハイゲイト駅に近いですね。起伏のある街で坂のアップダウンがあるんです。結構この辺はミュージシャンが多い。ごく普通の郊外という風情の街ですが。

　乗ったバスは坂をずっと下って、デイヴィズ兄弟が住んでいた近くのクラウチ・エンドという街を通り、フィンズベリー・パーク駅まで行きます。コンサートの会場は、駅の真ん前にあったアストリアです。2500人くらい収容できる大きな会場でした。昔の映画館は大きかったんです。

　クリスマス・ショーは1日2回公演だから、最低1日5千人は入ったと考えれば、10万人近く動員したはずです。当時のイギリスではケタ違いの数字だと思います。

川上　このクリスマス・ショーは普段のパッケージ・ショー（数組のアーティストが出演する対バン方式）ではなく、ビートルズらがコントや寸劇を披露する珍しいステージだったんですよね。

バラカン　そうね。彼らの親しみやすいキャラクターは少し後の映画『A Hard Day's Night』でも垣間見せてくれますが、誰からも愛される無邪気さがすでにありましたね。

川上　チケットを買えた時にはどんなご気分でしたか？　学校のクラスのみんなに自慢したとか？

バラカン　どうだったかな？　でも弟と並んで買ったことだけは間違いないです。

川上　イギリス式の正月のイメージだと、クリスマスの12月25日と1月1日だけ休みで、2日からは平日扱いみたいな感じですか？

バラカン　そうです。昔も今も12月25～26日、1月1日は休んで2日からは働くぞ、みたいな。いや待てよ、昔は元日も働いていたような気がします。でもスコットランドは休みでした。…というのも、大みそかはみんなウイスキーを飲んで元日は二日酔いだから(笑)。イングランドは休みじゃなかったんだけど、みんな無断欠勤するからいつからか休みに

現在の「アストリア」は教会として利用されているようだ。許可を得て内部も観させていただいたが、古き良き大英帝国を感じることができる豪華なインテリアだった。

なっちゃった（笑）

川上　いきなりアカデミックな話が飛び出しますね。文化人類学です。やっぱりお会いしないとわからない話が多いです。当日はご家族でご覧になられたのですよね？

バラカン　僕は当時12歳で、弟と母親の三人で観ました（弟さんは現在プロのミュージシャンだ）

＊＊＊＊＊＊＊＊＊＊＊＊＊＊＊＊＊＊＊

川上　バラカンさんは、武道館公演は動画をご覧になったことはありますか？

バラカン　はい、部分的にですが。テレビで観たのかな。

川上　最近では、ビートルズの演奏は「聴こえた」というのが定説になっているようです。というのも、当時の報道は大人が子供を揶揄するのに、「あんな聴こえないものに血道をあげるなんてバカバカしい」という論調で書くもんだから、「聴こえない」というか、〝聴く気がない人が聴くと「聴こえない」〟という落としどころに落ち着いていたという。でも実際には、当時のファンは聴きに行っているので「聴こえた」という人が多いんです。

バラカン　1964年と1966年の時期の違いかな。武道館は彼らのライヴ活動期間のほぼ最後です。彼らがなぜライヴ活動を止めたかということの主な理由のひとつに、自身が演奏する音が聴こえないから、という話がある。…映画『エイト・デイズ・ア・ウィーク』（彼らのツアーがテーマの映画）は観ましたか？

川上　はい何度も。

バラカン　劇中リンゴが言っていた、「メンバーのお尻の振り方でリズムを合わせていた」というコメントがあったくらい、聴こえなかったんですね（笑）。とにかく、僕が観たときは周りの女の子たちの騒ぎぶりで全く聴こえなかった。耳の後ろを手で覆って一生懸命聴こうとしたことを覚えています。だからセット・リストどころの話ではないわけですよ。アンプだってあの頃はちっぽけなVOXのAC―30しかないわけです。ポールも縦置きのちょっと大きなベース・アンプだけで。

そもそも当時、アンプを使ったバンドはあまりなかったはずです。1963年のビートルズの大ブレイクによってバンドが大発生したわけですが、ビートルズと同時期にジェリー&ザ・ペイスメイカーズ、ホリーズ、サーチャーズなどは活動を始めていますけど、レコード契約までは至っていなかった。つまりビートルズが成功して、1963年を境に爆発的にグループが増えたんです。

川上 こいつは商売になるなと。ついに戦後のベビーブーマーたちがレコードを買いあさる時代が到来したわけですね。ライヴを観たあとに、心境の変化はありましたか?「これで人生が変わる」とか、「俺は音楽でメシ食ってくぞ!」みたいな。

バラカン (笑)いやいやまだ何も。興奮状態だったのは確かですけど、聴こえなかったことだけはフラストレーションを感じましたね。

川上 期待して聴きに行って、聴けないわけですからね。大騒ぎしていたのは18歳くらいの女の子が多かったのでしょうか?

バラカン 18歳よりは下じゃないかな。僕らと同じか、ちょっと上くらいだったような気がします。12~16歳くらいだったと思う。先日、ネットの記事でダイア・ストレイツのマネジャーだった人が、当時のライヴ会場では失禁する女の子が大勢いて、オシッコ臭かったって言っていたのは驚きましたね。

川上 不思議なのは今、BTSとかジャニーズ(取材当時)を観て騒いではいますが、失禁という話は聞きませんがどうしてでしょうかね？

バラカン さあ、心理学者じゃないからわからないな。僕くらい年配の、当時の女の子に聞いてみては？（笑）

川上 はい。勇気を出して聞いてみます。今はすぐネットでセット・リストはわかるし、予定調和で騒いでいるんでしょうかね？ある意味便利だけどつまらない時代かもしれません。もしかしたら情報に乏しい当時は、「ツイスト・アンド・シャウト」なんかでポールがベースのネックを激しく突き上げたり、ジョンがガニ股で腰を上げ下げするアクションが少女たちに性的刺激を与えたのではないでしょうか？

バラカン さすがにそれは考え過ぎでしょう。そこまでの意図はなく、無意識の行動だったと思いますよ。一種の集団ヒステリーだと思う。今の子たちはもっとはるかにライヴ慣れしているでしょう。

でも、ビートルズ以前のソロ歌手の時代はどうしていたんだろうね？バックの演奏陣は当然として、歌手の歌も聴こえたんでしょうね。「ギャー!!」とか叫ぶ客がいないから聴こえるんだろうね、確証はないけどね。なにせ初めてのコンサートがビートルズだから（笑）

川上 ひょっとして、メンバーが歌う口の形とか断片的にギターの音が聞こえたりして曲が判明したとかは？
バラカン　全然そんな余裕はなかったな。自分も興奮してるし、周りはもっと興奮しているから。
川上　国民性の違いや、もっとも日本公演は悪名高い過剰警備でしたから、単純比較は出来ないのかも知れません。
バラカン　アストリアは警備なんか無きに等しいと思いますよ。居たとしても制服姿は見かけなかったと思うし、劇場は民間の箱だし。武道館は国のものですね。60年代の日本はまだ堅苦しかったんじゃないかな。
川上　まだ日本にロック概念がありませんでしたよね。
バラカン　エレキを持っていたら不良だとか、各地の教育委員会が子どもたちの参加を禁止したという話を聞きますが、イギリスのような民主主義の国で育った人間には信じがたい話です。

****

川上　1963年から64年初頭のクリスマス・ショーでは、全部で9曲披露していますね。
1．「ロール・オーバー・ベートーベン」

2.「オール・マイ・ラヴィング」
3.「こいつ」
4.「彼氏になりたい or ボーイズ」
5.「シー・ラヴズ・ユー」
6.「ティル・ゼア・ウォズ・ユー」
7.「抱きしめたい」
8.「マネー」
9.「ツイスト・アンド・シャウト」

バラカン 毎回このリストですか?

川上 うーん、どうでしょうか。資料には「音源が残っていない」と書いてありますから。でも9割方は同じでしょうかね。

バラカン いいセット・リストだ(笑)(バラカンさんの好きそうな黒いR&B、R&R、シングルヒット曲のバランスが素晴らしい)

川上 ある意味、ライヴ期のピークといえると思います(1964年2月に初のアメリカ上陸を果たす)。バラカンさんのビートルズのライヴはこの1度だけですか?

バラカン はい、ビートルズのライヴは最初で最後です。

川上　当時、他の人気グループはいかがですか？　キンクスとかフーとか？

バラカン　キンクスは観ました。確かストーンズの前座で、格で言えば2番手の扱いだったかな…1964年頃。パンフレットも持っていますから調べればわかります。でも、当時のザ・フーは観ていません。テレビ番組「レディ・ステディ・ゴー！」でしょっちゅう観ていたし、一時期マーキー・クラブに毎週出演していたけど、まだ中学生で夜、出歩けなかったんですよ。夜遊びできる歳になった頃には、ザ・フーはハード・ロックのバンドになっちゃって興味がなくなったんです。初期の一連のシングル曲は大好きで、「サブスティテュート」辺りが特によかった。ピート・タウンゼンドもあの曲が大好きみたいで、最近でもほぼ毎回演っているみたいです。イギリス人らしい自嘲的な歌詞も面白い。「マイ・ジェネレイション」や「アイ・キャン・シー・フォー・マイルズ」みんな好き（笑）

川上　今世紀に入って日本に何度かフェスで来ましたね。僕も観ましたが、よかったです。フーの感激が薄れないようにメインアクトの途中で帰りました。

バラカン　チャック・ベリーも観ました。あれも確か、1964年だったかな。

川上　ホントですか！

バラカン　そう。ビートルズやストーンズがこぞってカヴァーするし、刑務所から釈放されてすぐ活動再開で話題になっていたんです。久々の新曲「ノー・パティキュラー・プレイス・トゥ・ゴー」や「ネイディーン」とかラジオでもよくかかったし、チャートにも入ったような気がする。

僕は中学生時代にすでに、「メンフィス・テネシー」のシングルも持っていたんです。再発盤だったと思いますが、当時は新曲だと思っていた（笑）

川上 1964年当時からしたら、そんなに古い曲じゃないでしょう？

バラカン いやいや、1964年当時から5年も前の1959年のレコードなので、かなり古いという感覚ですよ。その頃はオールディーズ概念がまだないんです。

川上 なるほど、まだロック黎明期の話ですからね。ところで当時のマーキー・クラブみたいなクラブとは、どんな形態のお店ですか？ 現在イメージするクラブっていうと、何人かのDJさんが順番にシームレスで曲をつないでいくみたいな？

バラカン 全然違いますよ。当時のイギリスのクラブっていうと、ライヴ・ハウスのことです。バンドが複数出演するんです。

川上 各バンドがプレイする合間や隙間にレコードをかけたりするのですか？ 宣伝を兼ねたり？

バラカン どうだっけな？ うーん。いい質問だ。おそらく、レコードをかけていました。もっと大きな会場のコンサートでは専門のDJがいましたけど。次のバンドが出演するまでセット替えで30〜40分かかりましたからね。バーがあるのでみんな時間つぶしに飲んだりしてました。ただ、ターンテーブルでシームレスにつないでいたかどうかは覚えていません。曲単位でひっくり返したり、片面ずっと回している感じはなかったから、ひょっとしたらターンテーブルが2台あったかもしれませんが。

川上　マーキーでどのくらい収容ですか？

バラカン　渋谷のクワトロより小さいです。５００人くらいかな。

川上　意外と大箱ですね。

バラカン　しかもクワトロみたいに会場のどこからでも見やすいってわけではないですよ。柱があったりして。僕はあそこでジミ・ヘンドリックスを観たのですが（！）とんでもなく客が入っていたな。でも観にくい死角はあったと思います。

川上　他に有名どころだと、クロウダディ・クラブやフラミンゴなんかはどのくらいですか？

バラカン　僕は行ったことないけど、もっと小さかったみたいですよ。

川上　映画『欲望（BLOW-UP）』でヤードバーズが演奏するシーンがありますが、いわゆるあんなのも典型的な「クラブ」なんですね？

バラカン　だと思いますね。あとバンドのメンバーがライヴの後に飲んだり、つるんだりするクラブというのもありました。よく雑誌のゴシップ・コラムなんかで「○○バンドの誰と誰が遊んでいた」とか。スピークイージーとかスコッチ・オヴ・セント・ジェイムズとかバッグ・オヴ・ネイルズとかもありましたね。いずれもまだ若過ぎて、入ったことはないんですが。高かっただろうしね。その点、マーキーなんかのシステムはね、会員とゲストという区分けがあって年会費を払えば安いんです。ゲストは非会員で少し割高になります。

川上　だから「クラブ」なんですね。

バラカン　そうなんです。それで、中には会員制にすることによってお酒を深夜まで出せるんですよ。パブは11時には閉めないといけないから。

川上　いかにもイギリスらしいルールですね。僕のイメージだと、英国のクラブは切手のクラブとか小説のクラブとかのイメージでした。

バラカン　大昔はね。紳士の集まりでした。

川上　いまマーキーや100クラブみたいな60年代スタイルのクラブは現存していますか？

バラカン　100クラブってまだありますね。以前ギャズ・メイオールが長くDJをしていました。あの名前はオクスフォード・ストリートの100番地にあるから、100クラブというのですよ。

川上　逐一勉強になります。今の若いイギリス人からしたら、古臭いなぁって感じでしょうか?

バラカン　そうでもないと思いますよ。ジャズ・クラブならロニー・スコッツという老舗があります。あと、ソーホーのピッツア・エクスプレスというピザ屋さんの地下がいいジャズ・クラブです。行ったことはないですが。とにかく今はCDが売れませんから、ミュージシャンが稼ぐにはライヴしかないので、地方には昔ながらの小さなクラブが残っているはずです。

* * * * * * * * * * * * * * * * * * * *

川上　そういえば昔、ロンドンのハーフムーン・パットニーという店で、ウィルコ・ジョンソンを観たことがあります。

バラカン　ハーフ・ムーンはパブですね。パブもライヴ・ハウスと同じ機能をしていましたが、「パブ・ロック」といわれる以前からよくライヴをやっていました。一つのシーンとして認識されるようになった70年代前半に「パブ・ロック」と呼ばれた。僕は結成されたばかりのフリートウッド・マックを1968年に自宅近くのウッド・グリーンのパブで観たことがあるんです。あとはフリー（バンド）になる前のブラック キャット・ボーンズをパブの2階の会場で観たこともあります。

川上 今ならすぐネットで拡散されて大変な騒ぎになりそうです。

バラカン まあまだブレイク前だからね。昔はライヴも安かったし。ティーンエイジャーがお金を使うといったら服と音楽くらいだったからね。

川上 個人的な興味で恐縮ですが、子供時代にハンバーガーとかコーラとかは既に食べていましたか？

バラカン ありましたよ。ウインピーというチェイン店。あまりおいしいとは思わなかったけど、比較の対象もありませんでしたからね。コーラは2大ブランドはもちろん、国産で大きな瓶のメーカーのものもありました。ただ、僕はあまりコーラを飲まなかったですね。

WIMPY ロンドン店にて実食（2023年4月）。60年代のレシピとは違うだろうが普通に美味しかった。このセットが約弐千圓也……頑張れニッポン！

川上　もっぱらクラブでは何を飲まれていましたか？

バラカン　クラブで酒を出すには免許が必要だったんですよ。18歳未満に提供すると面倒なことになりますから、小さなクラブなら表向きはソフト・ドリンクだけだったんじゃないかな。マーキーやフラミンゴでさえソフト・ドリンクで営業していたと思います。フラミンゴは金曜日と土曜日は朝までやっていて、モッズの連中は朝まで踊りまくるのに錠剤の力を借りていたというのが有名な話です。

川上　生々しい証言です。

バラカン　パープル・ハーツとかスピード系のヤツをがぶ飲みしているのがいっぱいいたからね。だから酒抜きでも頑張っていられたわけです。ビートルズがニューヨークでディランからマリファナを教わったのが1964年ですが、ハシシとかLSDはもっと後、60年代後半くらいから出回ったんじゃないでしょうか。

＊＊＊＊＊＊＊＊＊＊＊＊＊＊＊＊＊＊＊

川上　勉強になります。だいぶ脱線してしまいましたがそろそろ時間です。愚問承知ですが、バラカンさんにとってビートルズで一番お好きな曲といえば何でしょうか？

バラカン　うーん。強いて言えば、「ツイスト・アンド・シャウト」でしょうね。聴くたびに初めて聴いたときのことを想い出します。アイズリー・ブラザーズのオリジナルよりも好きです。他にも山ほど好きな曲はありますが、カヴァーでも「ロック・アンド・ロール・ミュージック」、「ユー・リアリー・ゴッタ・ホールド・オン・ミー」とかは原曲に負けないほど、本当にジョンの歌が巧いです。

川上 反論の余地はありません。温かみのある声音、白人離れした歌いっぷりです。ではアルバムといえばどうでしょうか？

バラカン いつも言うのは、個人的な好みで言えば『ラバー・ソウル』です。理由は、嫌いな曲がないからです。完成度で言えば今回リマスターされた『リヴォルヴァー』に軍配が上がりますが、嫌いな曲が2~3曲あります（苦笑）。「ゴット・トゥ・ゲット・ユー・イントゥ・マイ・ライフ」のホーン・セクションがダサかったんだけど、今回出たファズ・ギターだけの方が格好いいと思いました。ちょっと地味ですけど（笑）。あと、「ドクター・ロバート」も別バージョンの方がよかった。でも完成度は凄いです。今回ピーター・ジャクスンが生み出したディーミックスだっけ？ 新しい手法で『ラバー・ソウル』も聞いてみたいですね。

川上 同感、待ち遠しいです。

バラカン まあ、オリジナル盤のモノ・ミックスでもなんの不満、遜色もないですけどね。

川上　私見ですが、僕は日本人が世界で一番ビートルズをリスペクトというか、神格化さえしていると思うのですが、日英でビートルズ観の違いとか違和感がありますか？

バラカン　『ワン、ツー、スリー、フォー　ビートルズの時代』（白水社）は読まれました？

川上　いえ、読んでいません。

バラカン　最高に面白いです！　グレイグ・ブラウンという人が書いた本で、ちょっと高いけどおススメします。良くも悪くもビートルズも〝普通の人〟ということが大変よくわかります。彼は膨大な量の本やその他の資料をよく読んで、いくつかの短いチャプターにまとめ直している。

川上　ブラウンさんはイギリス人ですか？

バラカン　そうです。

川上　すぐ買います（買いました。読みました！）。あと、バラカンさんは数年前にポールに電話インタビューをされましたが、それ以外のメンバーと接触はあったのでしょうか？

バラカン　ありませんね。ただ、ポールとは１９７５年にウイングズがオーストラリアのツアーをやっているときに、雑誌の取材の通訳として少し会いました。いい意味で普通の人で、気を遣う人でしたね。誰でも言うと思いますが。

川上 これもバラカンさんには失礼な質問ですが、ビートルズを超えるような音楽に出会えましたか?

バラカン まあ、僕は音楽に優劣はつけない主義なのでね。ビートルズは革新的でしたから、その意味では別格ですが。

川上 予想通りの回答で満足です。少し緊張しましたが、お会いできてよかったです。

バラカン 僕も普通のおっちゃんですから(笑)

川上 はい、ホントによい意味でフツーのおっちゃんでした(笑)。今日は有難うございました(こんなに感じよく恰好いいおっちゃんはいません)。

〔取材を終えて〕

バラカンさんには来広直前の取材の申し出にも関わらず、快く応じていただいた。元々、英国のミュージシャンはファンを大切にするという定説はあったが、取材中、かつてイギリス人に受けた2回の好意を思い出した。

1回目はロンドンで今回話に上ったキンクスのリーダー、レイ・デイビィズのソロと、2回目はエジンバラでのジーンという90年代にちょっと人気があったグループのライヴだった。なんと両方ともソールドアウトだったにも関わらず、ロハで入れてもらったのだ。

昭和風情満載のレトロな趣、「中村屋」さんでピーター・バラカン氏と。

前者は開演後に、ホールの責任者と思しき紳士がペンライトで空席を探してくれ、後者は「クラブ」だったため入口で途方に暮れていると、食事に出てきたメンバー（マーティン・ロッシター）が気の毒に思ったのか乱暴に「ＭＡＴＥ」と書いてくれた紙（即席招待券）を渡してくれた上、快くリハまで見せてくれた。そのときのキーボードがミック・タルボットだったときの驚きは今でも鮮明だ。両人とも、せめてもと差し出した謝礼も固辞された。

まさか、毎回毎回誰が行っても無料で入れてくれるほど英国人もお人好しではない。偶々《たまたま》遠い異国からわざわざ会いに来てくれたことへのささやかな返礼だったのだろう（もちろん、私の熱意も伝わったのだろう）。

バラカンさんは、メディア出演時と全く同じで誠実この上ないお人柄、益々ファンになった。私の個人的興味から話はたびたびビートルズから脱線し、些末な質問にも丁寧に言葉を選んで回想される。その表情が感じさせるのは、前述した英国音楽人特有の篤実さ。ファンへのサービス精神がきっとそうさせるのだろう。

そして、お店にも一言。「中村屋」は広島のジャズファンの聖地といってもいい老舗喫茶である。老舗とは名ばかりの古い喫茶店ではない。内装と照明だけでも一度は訪れる価値のある趣だ。

そう書くと格式ばった印象を持たれるかもしれないが、切り盛りされるお母さまは気さくだし、何といってもメニューは気の毒なくらいの昭和価格なのである。広島名物の市電電停「土橋（どばし）」の目の前。平和公園からてくてく歩いて広島の下町風情を楽しむのにもちょうどいいロケーションだ。昨今ブームの「レトロ喫茶」が好きな人は是非。

（２０２２年11月・広島市にて）

＜時系列のまとめ＞

年	月/日	本書関係分主要出来事一覧(来日までの日付は諸説あり)
1962	10/5	ビートルズ、英国でのレコードデビュー
1964	2/5	ビートルズ、日本でのレコードデビュー
1966	4/26	読売新聞にてビートルズ日本公演の正式発表
	5/3	読売新聞にて日本公演概要告知（会場、チケット発売要領など）
	5/10	第1回往復ハガキ申込〆切
	5/26	第2回（追加公演分。第1回分落選者からの抽選）
	6/11〜17	チケット引換開始（追加公演当選分は18〜24日まで）
	6/15	シングル、「ペイパーバック・ライター/ レイン」日本発売
	6/17	ライオン懸賞〆切
	6/28	当初の来日予定日。台風4号のためアンカレッジにて待機。読売新聞本社で最終販売（未購入分から先着順販売）
	6/29	ビートルズ来日 読売新聞本社で最終販売（未購入分から先着順販売）
	6/30	日本公演スタート（7/2まで全5回）
	7/1	午後9時より当日昼公演（2回目）のカラー放送（地域により白黒）
	7/3	午前、マニラへ向け離日

＜日本公演のセット・リスト＞（全５回公演同一）

①「ロック・アンド・ロール・ミュージック（Rock And Roll Music）」

②「シーズ・ア・ウーマン（She's A Woman）」

③「恋をするなら（If I Needed Someone）」

④「デイ・トリッパー（Day Tripper）」

⑤「ベイビーズ・イン・ブラック（Baby's In Black）」

⑥「アイ・フィール・ファイン（I Feel Fine）」

⑦「イエスタデイ（Yesterday）」

⑧「彼氏になりたい（I Wanna Be Your Man）」

⑨「ひとりぼっちのあいつ（Nowhere Man）」

⑩「ペイパーバック・ライター（Paperback Writer）」

⑪「アイム・ダウン（I'm Down）」

名前	印象曲（P231参照）	聴こえた?	自宅（当時）	7/1放送の視聴
岡本	⑨	○	兵庫県	○
石原	なし	×	三鷹	×
井口	④	○	武蔵野	○
川原	⑩	○	田無	○
小川	①	○	江東	○
畝田	⑦⑨	○	杉並	×
山本	⑩	○	豊島	×
加藤	①⑪	○	文京	○
村岡	⑩	△	品川	×
大門	なし	○	栃木県	×
	最新曲⑩のインパクト大		当時の住所	岡本は録音。井口・加藤は画面を撮影

7/1 夜の公演風景（写真提供・加藤豊氏）

<全5回公演 ❶ 6/30 夜 ❷ 7/1 昼 ❸ 7/1 夜 ❹ 7/2 昼 ❺ 7/2 夜>

名前	参加回	入手手段	席種と半券有無
岡本⑯	❶	懸賞	A ×
石原⑳	❷	兄から	A ○
井口⑯	❶	個人売買	A ○
川原⑯	❺	初回抽選	A ○
小川⑯	❶	初回抽選	A ○
畝田⑲	❷	2 回目？抽選	A ×
山本⑲	❶❷❸❹	協同/ 抽選	A3 B1 ×
加藤⑰	❸	前売/ 懸賞	A ○
村岡㉑	❹	ラジオ抽選	A ×
大門⑱	❸	懸賞	A ○
丸数字は来日時の年齢	❺は川原のみ	山本・加藤は複数枚所有。懸賞はライオン	ABC の3 券種（A 席はS 席に相当）

<日本武道館・公演での座席>

※畝田、山本、村岡各氏は半券紛失、特定できず

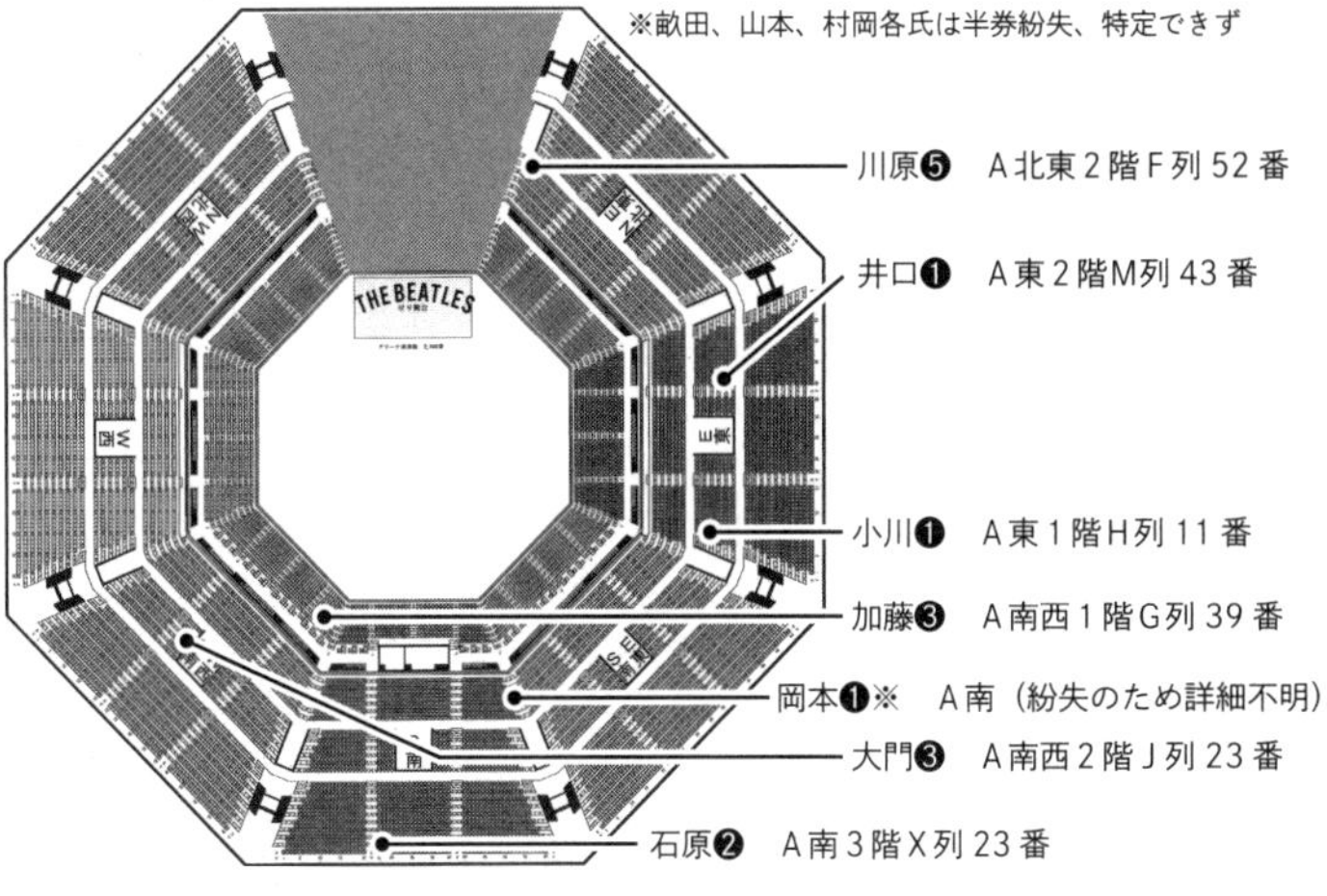

俯瞰すると距離的最良席は加藤氏だが、川原氏のほぼ真後からというのも興味深い

・丸数字は公演回（上表参照）
・座席図の席割は現在のもの
・アリーナ席の設定はなし

＊以上敬称略

あとがき

ビートルズが凄いのか、それとも私がスゴいのか、もう45年も続けている。というか、続いているのがビートルズである。

『♪なーぜー、とーきーだーけがすーぎてゆーくー（why she had to go,I don't know She wouldn't say-）』と14歳の時に教室で超訳過ぎる日本語で歌わされた曲が「イエスタデイ」だった。あれほどの傑作、すぐにその原曲は何かの媒体で耳にするわけで、即座に火が付いた。

以後は、二十代前半の若者が作った『シー・ラヴズ・ユー』だの『抱きしめたい』などなど、同じ歌を14歳のときと同じ感動で（場合によりそれ以上に）還暦前の壮年が聴いている。このまま放置していると全ファン節目の「64歳」になっても変わらんだろう。これは慢性中2病なのだろうか。よくわからない。

人は誰でも1冊だけは本が書けるという。自分の場合はビートルズ一択だ。それ以外は書けまい。しかも一介のシロウトが今更ビートルズだなんて、「トロはおいしいね」みたいな本、誰が喜ぶのか。やはりよくわからないが、いざ本を出すとなれば不思議な現象の数々が背中を押した。

出版社と都内某所で本書発行を決めた日のこと。原宿で信号を待っていると、いきなり背後のガテン系の兄ちゃんが私の肩を叩く。やおら右の建物を指さし「あれは武道館ですか?」と私に尋ねるのだ。あまりの不意打ちに「いえ、あれは代々木競技場ですよ」(正解は代々木体育館)と答えるのだが、すぐに天啓を知る。いったい1日に何人の人が原宿で武道館を尋ねられるのだろうか。

こんなこともあった。これも都内での出来事。喫茶店で隣に座った同年輩の紳士と、ふとしたことから雑談となった。年恰好が似ていることもあり、ついつい要らぬことまで語り始め、ビートルズ日本公演の本を書いているがなかなか進捗しないとこぼしたところ、急に先方の表情が変化するのを感じた。

したり顔で相手が言うに、なんと「僕はビートルズが来た日(1966年6月29日)が誕生日です」。その確率の巡り合わせに戦慄が走った。長く生きているが、その日が「バースデー」の人に出会ったのは、そのときが初めてだった。いったい一生に何人の人が、ビートルズが来た日に生まれた人に出会うのか。ちなみに相手の方の職業は、プロの声楽家だった。

まだある。もう少し付き合ってほしい。本編で何度も触れたが、筆者は広島在住という「ビートルズ文化の地理的弱者であることから、本企画の対象者である「ビートルズに選ばれた人」はほとんど生活圏内には存在しないものと諦めている。

その日も、これまた江田島という瀬戸内海に浮かぶ島の山中を彷徨っているうちに通りがかった、誰が見ても仙人が切り盛りしているような店（失礼！）に入った。そこで偶然にも出会ったのが、武道館4発の山本さんだった。いったい世の中の何人の人がビートルズを4回観た人に邂逅（かいこう）するのか。何度も人智を超えた出会いに恵まれた。

まさに、渡りに船。案ずるより産むが易し。やはり犬も歩けば棒に当たるのであって、人生「為すがままに」なのだと、今頃になり「レット・イット・ビー最高！」なんて呟いている。

取り急ぎ、今回巡り会った方々全員に直接お礼とお詫びを申し上げるべきところだが、紙面も資金も尽きた。少なくとも、この活動の最初期、不慣れな筆者にご指導、ご助言をいただいたビートルズ文化博物館館長岡本備氏、ピーター・バラカン氏には背中を押されました。

ビートルズ研究の第一人者である藤本国彦氏と菅田泰治氏。ポップミュージックのポの字も知らないにも関わらず、呆れつつも粘り強く筆者の我儘に付き合ってくれた出版元の栗栖氏には多大なるご協力をいただき厚くお礼申し上げます。

そして、ご協力、ご参加いただいた、ビートルズにも私にも（？）選ばれた、素晴らしき皆さまと、時空を越え巡り逢えたご縁に深く感謝します。

大事なことを最後に。皆さんの共通点は、70代を迎えた全員が現役で仕事を持ち、社会とつながり、若く、ファッショナブルでエネルギッシュなことです。実はこのことこそが、この旅の回答でした。

あらためて、皆さま有難うございました。お陰様で、当時もうすぐ1歳だった僕も、ちょっとだけビートルズに選ばれて、3分くらいは武道館に居られたような気がしています。（個人の感想です）

末筆ながら、ジョン、ポール、ジョージ、リンゴ。そしてブライアン。
日本を選んでくれて、ありがとう。

2024年6月　夢の旅人　川上弘達

◆著者プロフィール

川上弘達（かわかみ・ひろたつ）
Hirotatsu Kawakami

1965年広島市生まれ。中学生でビートルズにハマり、現在に至る。彼らを『聴く・読む・買う』に飽き足らず、イギリス、アメリカ、ドイツ、インドなどゆかりの地への行脚がライフワーク。誕生日にロスで観たポールのアンコールにリンゴが飛び入り、「バースデー」を歌って祝ってもらった？ことが人生唯一の自慢。無類の旅好きで趣味の野球、サッカー観戦で全国のスタジアムへ出没している。特技のお好み焼き作りは超高校級の折り紙付きらしい。

＊参考書籍

・ビートルズを観た（音楽出版社）
・ビートルズレポート（WAVE出版）
・ビートルズと日本（シンコーミュージック）
・東京ビートルズ地図（交通新聞社）
・NOWHERE Vol.18（プロデュース・センター出版局）

ビートルズに選ばれた人たち
1966日本公演 武道館のリアルを追って

2024年6月30日　初版第1刷発行

著　者　川上弘達
発行人　栗栖直樹
発行所　株式会社エスクリエート
〒170-0013 東京都豊島区東池袋4-18-7 サンフラットプラザー203
TEL：03-6914-3906
発　売　株式会社メディアパル（共同出版者・流通責任者）
〒162-8710 東京都新宿区東五軒町6-24
TEL：03-5261-1171
印刷所　株式会社シナノパブリッシングプレス

ISBN978-4-8021-3467-5　C0073